風水!有關係

這樣做好運一定來

職場 必 勝 寶典

緯來綜合台 26 著

改變風水助升遷、正緣匯集得姻緣、善用財運滾大錢。

前言

上班族想要出頭天，好風水助你一臂之力！

每天上班下班加班，薪水依然 22K，忙得團團轉，存摺的數字卻不見增長，好不容易存了一點錢投資，卻總是失敗收場。這麼辛苦工作的下場，換來的卻是生活品質的下降、身體毛病一堆、沒有時間交際應酬，始終不知道問題出在哪，只能認命地一天一天過下去。

但是，被現實制約的你可能不知道，你的工作運遲遲沒有進展，你的桃花始終未開先落，你的健康每下愈況，其實，跟居住環境的風水息息相關，甚至是工作場所風水搞的鬼。如果沒有先斬除惡風水，運用好風水替自己營造一個舒適光明的生活環境，就算努力奮鬥一輩子，薪水始終是 22K，守財

不成買房難，更別提成家立業了。

於是，本書從自宅或租屋處，到工作場所，甚至是創業
SOHO 族的工作空間，教你如何辨別好壞風水，對症下藥，
找出破解壞風水的方法以及開運的好風水。讓你從此工作運
一帆風順，求得好桃花結婚生子，父母健康奮鬥事業無後顧
之憂，偏財運大開累積財富更快。

CONTENTS
目錄

chapter 3 │ 必勝的金錢、偏財運

chapter 4 ｜ 必勝的桃花運

chapter 5 │買房前風水須知

chapter 1

必勝的居家、
租屋風水

正在奮鬥的「小資一族」在能力許可內，總是想擁有一間屬於自己的舒適小窩，但是身處於高房價的時代，許多人都會先以租屋的方式來築夢，等待未來結婚之後或是存款有一定的基礎時，再來買房。

雖然房子不是買的，但是在固定的收入及小小的積蓄中，除了要堅持一定程度的生活品質之外，租屋的風水也很重要。租到壞風水的房子可能會愈住愈窮，不只以後難翻身，一家身體健康也會受到影響，因此，本章節將教你如何破解惡風水，留住好風水，成為人生的勝利組。

Part.1　工作升遷好風水

我們在達成夢想之前，總是會遇到一些挫折與困難，有時候，這些考驗不是努力就能解決，也不是奮力衝撞就會改變。99 分的努力，還需要靠 1 分的運氣來推你一把，而這 1 分的運氣，可能就是掌控在居家風水的布局。

為什麼努力加班工作卻一直沒加薪，而別人不用加班就有獎金拿？為什麼做事認真卻始終是最低等的小職員，而週遭的人卻都已經升遷？又為什麼主管老是針對我，同事還故意扯我後腿？這些來自上班男女的普遍怒吼，其實，不見得是努力不被賞識，而是居家風水影響了你的工作機運。上述這些問題我們不妨透過風水來檢視自宅，找出解決之道。

掌握大原則，升遷絕對靈

居家或是租屋好風水的佈置，如果想要掌握工作升遷的秘訣，首先，以下幾個地方需要特別注意風水擺設。

一、玄關

玄關是進入家中的第一道門,雖然面積不大,但它是房屋進出的主要通道,也是屋內、屋外氣場相互流通之處,代表著居住者的事業運。這個每天出入家門的必經之地,如果亂七八糟,會讓人心浮氣躁,無法靜下心來思考,容易做出錯誤判斷,影響工作績效。因此,一定要好好整理鞋子,而且也要選擇有門的鞋櫃,避免味道飄散,整潔清爽的玄關可是工作開運的第一步!

玄關的鞋子如果沒有收進有門的鞋櫃,容易造成居住者的事業運低落。

二、前明堂（大門外的空間）

前明堂指的是大門外面的區域，主管事業與外出的運勢，因此，
這個空間不僅要保持寬敞、明亮，不要堆放雜物，更要講究風水
佈置，如此才能讓事業運風生水起。如果想在面試時被選用、提
高升遷機會，建議可以在大門外面的走道，增強照明，並且保持
空間暢通，藉此增旺工作運勢。

保持前明堂的照明通亮，
有助於提升升遷運。

三、陽台

陽台代表事業的向外拓展能力與企劃開發力，如果房子的陽台隨時保持清潔，讓房子的氣流順暢，居住者自然也會感到心曠神怡、諸事順利。相反的，如果陽台堆放雜物、髒亂不堪，住在屋內當然會受到嚴重影響，使得工作不順，因此陽台一定要清掃乾淨。 而陽台外的景色也會間接影響工作運勢，一般來說，具有遠景的視野，可以使居住者更具前瞻性與洞察力，也容易有到海外發展的機會。

陽台象徵事業運前景，如果堆放很多雜物，工作運將大受影響。

四、客廳

客廳代表主人的主運勢，好的客廳佈置能夠使居住者工作平步青雲、穩如泰山。因此，客廳的牆壁宜乾淨、平滑，如果以凸出的石塊作為裝修材料，容易使工作運勢受到諸多阻礙，應該盡量避免。由於租賃的房子，裝潢可能無法變動，所以建議大家可在凹凸的牆壁前設置屏風、書櫃，以遮蔽牆面，或是擺上山水畫，畫中最好蘊含五行的顏色（紅、黃、綠、白、黑），有山有花可以用來增強能量。

此外，光線也是很重要的一環，住宅離不開自然光線，如果採光充足，能量自然上升，工作效率也會提高。如果家中太陽光線照射不強，可以多用一些日光燈或是在家點放一盞鹽燈，藉以照亮前途光明。

自然光線不足的客廳，可以藉由點放鹽燈來提升工作運勢。

破解租屋風水格局

進入職場,學歷固然重要、經驗也很重要,上班男女們除了要靠自己辛勤耕耘外,適時了解風水對工作的影響,也能有助升遷發展,讓事業運撥雲見日。所以別以為租屋不用看風水,用點巧思,工作運勢可會大不同呢!下列就一般租屋風水常出現的幾項格局問題,為大家一一做個說明:

一、獨立套房

獨立套房一進到大門裡面的空間,就代表著一般居家的玄關,最好要擺放鞋櫃,將鞋子收進鞋櫃,別將鞋子排列在大門口,以免讓好運掩鼻而過。套房空間有限,如果特意添購書櫃或是其他家

套房門口擺放鞋櫃,將鞋子收進鞋櫃,不讓工作運溜走。

具區分出一個玄關空間，對於租屋族而言，不符合時間成本，這個時候，建議可以放個花卉圖案的地毯區分出玄關空間，藉此增加貴氣和財運。切記，套房空間不大，屋內的擺設應以簡單為主，不要讓雜七雜八的東西佔據屋內空間，只要寬廣舒暢，風水氣場愈強，愈能夠加強好運。

二、分租套房

一個房屋內利用隔間分出幾個套房，共用一個大門，這樣的風水環境，由於多人居住，生活與進出的人混雜，氣場容易交雜。如果動線設計不良，萬一遇到打開門過於狹窄的狀況，兩個房間的人就會互相搶氣，導致工作發展受限，而套房的門口也象徵著自己的前明堂，因此可以在門上掛紅布條或春聯，以增加吉氣，提升工作運。

套房門口象徵居住者的前明堂，保持暢通和光亮也是提升工作運的守則。

三、雅房

雅房的空間通常比較狹小，只有一面窗戶，或甚至沒有窗戶，更別提陽台的空間。如果沒有陽台可以自製陽台，利用錢幣來提升地氣，與室內空間做出區隔。作法很簡單，在地毯背面貼 36 枚五帝錢或 168 枚硬幣，放在窗戶前，即可打造出雅房的陽台區域。上班族想要在工作上尋求多方位、全面性的發展，千萬別忘了打造一個專屬於自己的陽台喔！

運用地毯和五帝錢打造雅房的陽台，有助於事業運的開展。

地毯

四、分租公寓（一個房間以上的格局）

一般來說，公寓的門口空間比較狹小，一開門可能就是對著上下樓的樓梯或上上下下的電梯，代表居住者的前途上下起伏不定，因此建議大家在門口放上紅色踏墊，並在踏墊下放一串五帝錢避煞。另外為了破解出門撞壁的風水格局，可以在牆壁上貼春聯或是掛一幅山水畫，但是要注意山水畫中水的流向不要流向門外，才能留住生機運勢。

門口對著樓梯，代表居住者的前途起伏不定，化解方式可以在門口放上紅色踏墊。

另外，套房或雅房都屬於只有一個空間的格局，可以擺放的家具相對少，但是分租的公寓，則有公共空間可以擺放多一點的家具。因此，在客廳擺設沙發時，可以根據方位來選擇顏色，為居住者開啟工作上的好運勢。

客廳方位	沙發開運色	不宜色
東	綠、紅、黑	白
南	綠、紅、黃	黑
西	黑、白、咖啡	紅
北	黑、白、綠	黃
四偏方	紅、白、咖啡	綠

 如何看客廳方位？

站在客廳面對大門，指南針所指的方向，即為客廳的方位。

五、頂樓加蓋

頂樓加蓋的房子因為位處高處，一般來說，視野都比較開闊，但是也容易遇到外在環境的煞氣，而使整體運勢走下坡，例如，窗外正好面對高架橋或陸橋時，建議大家可以在窗戶上方掛上乾坤太極圖或山海鎮，象徵利用移山倒海的動作來化解這樣的煞氣。另外，還有大樓的造型或上面搭建一些水塔造成的藥罐煞、小人探頭煞、簷角煞等等，則可在窗外，掛上凹面鏡、山海鎮或九宮牌來化解。

窗外可以看到建築物的屋角，或是其他尖銳形狀的物體，即為簷角煞，在窗戶外掛上凹面鏡、山海鎮或九宮牌化解。

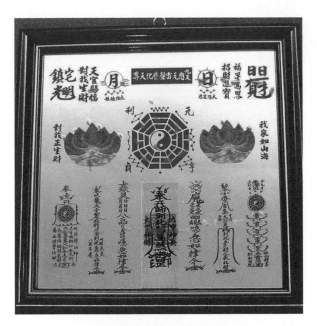

山海鎮

凹面鏡

Part.2　招財進寶好風水

你是否經常大嘆：「為何都存不了錢？」在物價飛漲的年代，不少人薪資卻是凍漲，因此薪水總是左手進、右手出，就算記帳記了老半天，荷包還是莫名的拉警報！明明再三告誡自己要省錢，但花錢實在太容易了，不小心去吃了大餐、不小心買了新衣服……一連串的不小心，究竟是哪裡出了問題？其實，一個人的財運好壞，除了靠自己努力之外，也受我們居住的家宅風水所影響喔！這個章節就要打破租屋不能改變風水的迷思，替租屋族打造招財風水，不僅讓你找到房間裡的正財位，更能輕鬆化解房間裡四面八方的煞氣，讓你財運亨通，事業蒸蒸日上！

一般房子裡都會有一至兩個財位，不過如果真的沒有財位，也可以透過裝潢或擺設來營造，訣竅就是在大門左右四十五度角的地方增設隔間、擺放櫃子或水晶洞，創造出屬於自己的財位。

找出財位

風水上的財位可分為兩大類，一種是用來招財，可以增加錢財運，例如明財位、次財位；另一種是用來聚財，可以守護財富，例如財庫。下列教大家如何找到這些財位：

1. 明財位（正財）：從門口往左及往右斜 45 度角的方位，且無門無窗，就是所謂明財位。

2. 次財位（偏財）：兩面牆相連成 L 形的夾角處，且無門無窗，即為次財位。

3. 財庫：位於房屋中最深的角落，大多是房間的最內側，也就是房門口的對角線即為財庫的位置。

照顧好財位，錢財滾滾來

一間房子的財位可能不只一個地方，如果財位的環境不甚理想，連帶會影響居住者的金錢運勢，所以想要擺脫月底就經濟拮据的窘境，請在以下幾個地方注意財位的擺設：

一、客廳

客廳可是有著舉足輕重的地位，這裡不但是一家活動的中心，也是會客的場所，因此客廳的財位大多屬於對外招財的功用。客廳

的財位如果明亮有光，金錢運勢就會隨之發光發亮；相反的，財位如果黯淡無光，自然無法吸引財氣。假如家中財位的角落過於陰暗，可以安裝一盞燈或擺放鹽燈來化解這樣的問題。

財位除了光線很重要，還必須有實牆倚靠，如果這個方位上有窗戶，代表「財位見空」，財氣輕易就會被風吹散，反而不容易聚財。此時，最好將窗戶用不透光的窗簾遮擋，以避免財氣不留，統統跑光光。最重要的是財位一定要整理乾淨，不要擺放太多雜物，否則招不了錢財入門。

財位有窗戶，代表財位見空，可以加裝不透光的窗簾化解。

二、廚房

想要守住荷包，就不能忽略廚房這個地方，因為這裡必須負責一家溫飽，象徵著居住者的經濟狀況，在風水上被視為養命的「財庫」。屬於財庫重地的廚房，必須要有良好的空氣流通，才不會累積穢氣，影響財運聚集。如果廚房過於髒亂，就容易影響主人的財運，形成「賺多少、花多少」的情形。

瓦斯爐旁邊或是前面如果有窗戶，可以貼上不透光的貼紙，讓運勢不會被火吹熄。

以前是用灶來煮飯做菜，現在則用瓦斯爐來料理，再加上電鍋、

微波爐等家電，小小一間廚房，東西很多，如果擺設不當，財庫
自然就不安穩。其中冰箱和瓦斯爐更是掌控家中飲食的重要器具，
所以擺放的位置就顯得格外重要。

風水中強調「灶前無窗、灶後無門」，主要就是怕風朝向爐灶吹
來，使得火勢難以控制，所謂「留得青山在，不怕沒材燒」，因此
只要管理好瓦斯爐的爐火，自然能掌握經濟狀況。如果瓦斯爐前面
有窗，可以加裝窗簾或貼霧面不透光的貼紙，並且在烹煮時把窗戶
關好；如果瓦斯爐後有門，宜加裝門簾化解爐灶背門的問題。

家中的冰箱若食物充足代表著財庫豐隆，如果冰箱位置開向門外，
或是一進廚房就看見冰箱，則容易漏財。而同樣的，家中的瓦斯
爐，也不可以從客廳或玄關處就被看見，同樣有財庫外露的問題。

一進廚房就看見冰箱，是
漏財的風水格局，應該避
免。

三、臥室

臥室屬於個人空間，因此房間內可說是掌管私房錢的重要空間，而梳妝台代表居住者的財庫，因此最好擺設在財位上。不過，如果梳妝台的鏡子對著房門或床舖，則會導致財運不入，因為鏡子有反射作用，會將財氣反射出去，使得錢財耗損，因此，可以用布簾遮擋，或是採用掀蓋式鏡子的梳妝台，平時可收納，需要使用時再打開即可，避開鏡子一直對門或對床的問題。

梳妝台對門的擺設，容易造成財氣外露，可以加裝布簾遮擋化解。

破解租屋風水格局

有句話說：「你賺的一塊錢不是你的錢，你存的一塊錢才是你的錢」，因此不只要打點好「招財位」，也要顧好「聚財位」，才能渡過超支的危機，讓財運滾滾而來喔！下列就一般租屋風水經常出現的幾項格局問題，為大家一一做個說明：

一、獨立套房

獨立套房比起分租的套房及雅房，在空間上多了廚房、小客廳的配置，可以說是一應俱全，但是為了避免隔間造成空間狹小，在格局設計上往往不盡人意，大多採用一目了然的設計，讓大門直接對準陽台或窗戶，這在風水上來說，就是俗稱的「穿堂風」。這種煞氣會因為氣流對流旺盛，無法在屋內停留，因此，住在屋裡的人就算有錢也留不住，常常在聚餐時自己就會忍不住拿信用卡出來買單，跟朋友出去也會搶著付帳。建議最好利用屏風或布簾遮擋門窗，以減緩氣場的流動速度來化解煞氣。

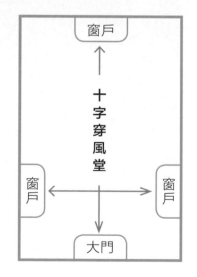

如果不只大門正對窗戶，進門左右兩側也剛好有窗戶相對，格局會形成「十字穿堂風」，這時候不只是財運加倍外流，也讓居住者彷彿在十字路口般容易三心二意，往往會有一時興起的額外花費。如果有這樣的情況，擺放屏風或櫃子，隔出玄關空間就是不錯的方式。而屏風的高度、寬度，都要高於大門或窗戶才會有效果，否則還是會漏財。不過，有時候套房空間不夠大，增加擺設反而會讓空間太過侷促，因此，也可以在門內放置一塊紅地毯，下面壓 36 枚 10 元硬幣，同樣能夠達到化解的效果。

大門對準窗戶，形成穿堂風的風水格局，導致居住者容易留不住錢財。

二、分租套房

為了增加出租空間，公共空間的客廳、廚房常常沒有隔間，形成
開放式廚房，只要在客廳的位置就可以直接看見廚房，甚至大門
一進來就是廚房的設計，這稱之為「進堂見灶」或「開門見灶」，
形同口袋外翻，財富被看透，容易漏財。化解的最好方式就是在
客廳與廚房之間設置拉門，做出區隔以擋住爐火，或是擺放櫃子
做出區隔，但不要使用玻璃櫃，因為依然看得到爐火，使用不透
光的櫃子，整個封起來。另外，如果一開房間大門就看見梳妝台，
也是代表財庫外露，最好設置屏風遮擋。

此外，分租套房的房門比
較多，容易導致「川堂風」
的問題，讓賺來的錢統統
流出去，當然也容易喪失
工作機會，因此建議在客
廳的財位可以擺放聚寶盆、
水晶洞，阻擋財氣外流。

大門一開就能看見廚房，代表財富外
露，最好加裝門簾化解。

三、雅房

雅房的房間若比較小，床的尺寸就不宜太大，以免影響走路動線，甚至擋住財位，而梳妝台的大小比例也是要大小適中，否則為了存錢，當個守財奴也不好。雅房內有時會遇到梳妝台無法移動的裝潢格局，如果梳妝台上有樑，經濟壓力會比較大，但是若無法搬動，可以在梳妝台上放置五帝錢或六帝錢增加氣場。另外，如果梳妝台背門，錢財會從背後偷偷溜走，造成居住者不容易守財的問題，所以最好加裝門簾擋住財氣外流。此外，財位的角落可以擺設衣櫃，在衣櫃裡放保險箱也能達到聚財的好效果。

梳妝台背門，代表錢財會從背後偷偷溜走，容易有守財不易的問題，建議加裝門簾擋住化解。

四、分租公寓

租來的公寓，在選擇冷氣安裝位置時要格外留意，如果在財位上方裝設冷氣，錢財容易被吹出去，就算有賺錢也守不住財。另外還有音響、電話等會震動的電器也會影響財氣的穩定度，因此盡量避免擺放在財位上，以免趕走財神、兩手空空。

此外，注意廚房裡樑柱的位置，如果樑下是廚房門或有冰箱等用品，形成「樑壓財庫」的狀況，那麼居住者的財務壓力也會增大，建議可以在樑上吊葫蘆或掛白水晶、銅麒麟來化解。如果是客廳的財位壓樑，也容易讓人賺錢感到壓力，化解的方式就是把晶洞放在財位上，以頂住樑煞。

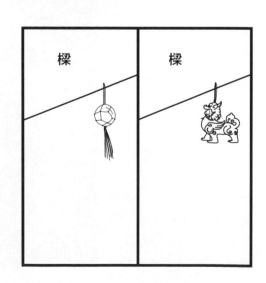

如果廚房樑下有門或冰箱，除了在樑上懸掛葫蘆，也可以吊白水晶或銅麒麟化解。

在財位上裝冷氣，容易吹走錢財，最好避免。

樑壓冰箱，等於樑壓財庫，居住者的財務狀況會有吃緊的情況，可以在樑上掛葫蘆化解。

五、頂樓加蓋

頂樓加蓋雖然採光好，但是如果窗戶過多，容易遇到進門的 45 度角沒有財位，建議最好將一面窗加層木板或用櫃子遮擋，打造一個明財位，以利聚財。此外，頂樓由於會有瓦斯管線不易裝置的問題，因此有些加蓋的房子，並沒有廚房的空間。風水上說：「有形才有靈」，因此建議還是要規劃出一間廚房，才不會讓進門的財富失散。風水是以門檻來區分空間，如果廚房沒有門檻，最好可以擺上紅地墊，做為區隔。

如果廚房沒有門檻，以風水格局來說，等於沒有廚房，最好擺上紅地毯區隔。

興旺財運三大家具

想要讓財運滾滾而來,除了格局上的佈置,也可以利用一些家具來幫忙。

1. 衣櫃:保持乾淨整潔,可擺放保險箱或現金,增加財運。

2. 梳妝台:代表女主人的財庫,在抽屜擺放存摺、現金可旺財。

3. 冰箱:代表財庫,將冰箱擺放在隱密空間有助於守財。

布局租屋風水格局,興旺財運滾滾來

Part.3　貴人相助好風水

在人生的旅途上，如果能有各路人馬來扶持，總會帶來意想不到的幫助，其中包括了「良師指點、益友支援、親人支持、貴人相助」。不過，貴人往往最難辨識，許多人誤將小人視為貴人，或是遇見了貴人而不自知，其實在職場上，不論是生意夥伴、辦公室中的同事、客戶，都可能是我們的貴人，所以最好能將身邊的這些人統統變成貴人，讓我們未來的道路能走得更順暢。

對於一個在職場上打拼的人來說，貴人的助力甚至攸關一個人事業的高低起伏。當然，貴人也不是說有就有，說來就來的，這不僅與自己的為人處事有關，也受到運氣好壞的影響。雖然每個人因為個性的不同，而產生不同的待人處事方式，但是不論個性如何，運氣的好壞則能夠藉由居家風水來微調呢！

創造好人緣，喜迎貴人來

下面將介紹幾個增旺貴人運的重點，在以下幾個地方需要特別注意風水擺設：

一、客廳

想要打造千客萬來、貴客迎門的運勢，就要從客廳開始！在風水上，進入家中大門以內被稱為「明堂」，而客廳更是「明堂」的主要空間。所謂「明廳暗房」，意思就是指客廳的光線要充足，當客廳整齊明亮時，自然會吸引人氣，如果採光面不在客廳，造成室內昏暗，居住者容易產生負面情緒，想法比較悲觀，心胸也無法開闊，建議此種狀況可裝設一些燈管來補強光源，以免面臨有志難伸的困局。

此外，平常就要將客廳打掃乾淨，不要阻礙了光線與空氣的流通，很多人礙於空間有限，就把鞋櫃或是儲藏櫃放在客廳，但是又沒有整理乾淨，平常櫃子門也沒關好，甚至將鞋子、雨傘、雜物到處亂放，如此一來，必定造成客廳的氣場受到污染。假如沒有花時間好好整理，讓周遭的貴人紛紛離去，可就得不償失了。所以即使是小地方也不能馬虎，若是客廳的窗台上放了過多雜物，就

像眼睛被遮住了，屋主容易識人不清；如果有櫃子把窗戶擋到完全看不見，代表遮眼矇耳，可是會增加犯小人的機率喔！

鞋櫃擺在客廳，沒有收拾整齊，容易影響風水氣場，貴人不來。

櫃子擋住窗戶，容易犯小人，最好移開，讓窗戶的視野開闊。

通常屋子一旦住久了，牆面就會有斑駁等問題，這也會間接影響貴人運的好壞。如果你覺得最近沒有貴人幫助的好運，常常看似有好的機會要出現時，可是又莫名其妙的不見了，最好是檢查一下客廳的牆面，建議大家三到五年就要重新粉刷，這樣才會使屋裡的人氣更旺。

二、臥室

當居家的坐臥之處有靠山，貴人自然就會紛紛來相助，因此臥室的床鋪一定要選對風水寶位，盡量避免下列幾種狀況：

1. **床頭開窗，或床頭與房門同一片牆**，因為無法看到後方，容易疑神疑鬼，造成睡眠品質不佳，白天做事就容易出錯，人際關係也容易不好。

2. **床頭沒有靠牆**，彷彿人心沒有依靠，容易犯小人。

3. **床邊碰壁**，上下床都不方便。建議要將床放在置中的位置，使其左右皆可下床，達到左右逢源的效果。

床頭開窗，容易心神不寧，影響人際關係，貴人自然不來。

床邊碰壁，無法左右逢源，容易犯小人，最好將床移開。

總之，床的擺放位置最好是在臥室中間、床頭靠牆，但兩邊不貼牆，床尾和左右兩側要有點活動的空間，以免貴人運勢處處受限。如果家裡的床擺放位置目前有碰壁的情形，最好還是移開，創造左右逢源的格局。此外，如果能有空間設置客房，也能留住貴人運喔！所謂的客房不一定要有床，只要放上簡單的椅子、桌子，成為一間會客室，或是擺放沙發床，可以用來招待客人，就能輕鬆變成客房。有了這樣的空間，會令人有賓至如歸的感覺，貴人也會願意多停留一會。

三、餐廳

有人緣的人能吃四方，對事業的發展具有一定的影響力，想要招來好人緣，就不能缺少餐廳的空間配置。餐廳這個小小的空間，不但牽動著家人之間的互動關係，也攸關著對外的人脈經營成果，因為這裡是家人團聚或邀請賓客吃飯的地方，對於是否能得到貴人相助有莫大的關聯。現代人經常外食，所以連餐桌都省得買了，偶爾在家開伙就把客廳當餐廳用，但是這樣的做法容易造成家人感情不聚，甚至招來酒肉朋友，所以建議還是要規劃擺放餐桌的空間，因為餐廳象徵著不愁吃穿的含意。

餐廳和客廳空間不分，容易讓居住者感情失和，人際關係連帶受到影響，最好利用家具或門簾做出區隔。

餐桌位置不能因為空間限制而省略，但也不能阻礙動線，在擺設餐桌的時候，除了要考慮到日常生活的動線，也要配合進進出出的客人才行。餐廳最好位於客廳和廚房之間，如果入門一眼就看見餐廳，在風水看來，容易有食客過多的問題，也會有把家裡吃垮的疑慮。餐廳也不宜設置在廚房內，廚房是用來煮食的地方，不論是家人或客人都必須在舒適的環境下用餐，才能為自己求得貴人運。

此外，餐桌不宜設在正對門口的位置，也不可以放在走道上，還要注意餐桌上方是否有樑，避免樑壓頂的現象，如果座位壓樑，形同重物壓頂，會導致思緒不清以及人際關係壓力大，也使貴人無法久留。如果有樑的話，可以在樑的兩側懸掛葫蘆，以化解樑直接壓到餐桌的危機。

招貴人方位 & 開運物

老是與機會擦身而過，想改善貴人運嗎？這邊要教大家怎麼從自己的出生年份找到貴人方位，只要找出自己的貴人方位，並擺放相對的開運物，就能為自己的事業招來貴人、好機會。舉例來說，民國出生年尾數是 0、4、8 的人（70 年次、80 年次或是 74 年次、68 年次等等），貴人方位會在東北以及西南方。若是要祈求事業運，則可以將開運物擺在客廳的這兩個方位。若是祈求自己的運勢，或是有些小資一族是住在分租雅房，也可以在自己的房間尋貴人。開運物可以選擇牛、羊的擺飾，除此之外，這也代表了生肖屬牛、羊的人有機會是生命中的貴人，如果在事業上需要合作、投資，都是很不錯的選擇。

（湯鎮瑋老師提供）

出生年尾數	貴人方位	生肖開運物
0、4、8	東北、西南	牛、羊擺飾
1	正南、東北	馬、虎擺飾
2、3	正東、東南	兔、蛇擺飾
5、9	正北、西南	鼠、猴擺飾
6、7	正西、西北	雞、豬擺飾

破解租屋風水格局

許多工作需要仰賴人脈關係，舉凡銷售人員、業務、記者等工作，都需要好人緣，就算是內勤單位，如果缺了貴人運，可能就會受到不同待遇，例如常常被指派份量較重的工作，或是要特別早到而且留最晚，甚至調到比較辛苦的部門，因此，一個人能不能發展得好，除了自身的努力外，真的就要看有沒有貴人提攜了。既然我們不是出身豪門，也不是家財萬貫，就更需要替自己求得貴人運勢，即使是租來的小小套房，也能打造出提升人氣的招貴人風水喔！下列就一般租屋風水常出現的幾項格局問題，為大家一一做個說明：

一、獨立套房

獨立小套房裡，臥室的空間一般都比較狹小，所以房間擺不下的衣櫃，只好擺在客廳的空間，等於將整個空間變成臥房，沒有區分出客廳和臥房，這樣的佈置格局很容易造成貴客不來，遇到貴人的機率大為降低。

衣櫃擺在客廳，導致臥室客廳空間不分，容易造成貴人不來，最好將衣櫃移至床附近為佳。

沙發背後靠窗，容易犯小人。

另外，因為套房的空間不大，客廳可以擺放沙發的位子比較有限，往往不是這邊卡到門，就是那邊遇到窗，在風水上，如果沙發後面有門窗，坐起來也不安穩，容易犯小人。擺放時，盡量讓沙發背後有靠，如果沒有一個角落適合放沙發，也可以自己買個書櫃放在沙發後面，形同實牆，象徵背有靠山。沙發座位後面如果是廁所，就算有貴人，也不敢靠近，建議可以擺放有陽氣、貴氣的畫作，像是九如、牡丹、向日葵等畫作來化解。

沙發背後是廁所的格局，導致貴人不敢靠近。

二、分租套房

套房能利用的空間不多，因此在設計上常利用鏡面加大空間感，但是從風水角度看來，鏡子反射容易讓人坐立難安，因此擺放位置要特別留意。

1. 如果穿衣鏡照落地窗，容易發生識人不清的狀況，最好將鏡子面向牆壁擺放。

2. 鏡子照門形成「鬥口煞」，容易與人發生爭吵，最好改放在入門看不到的地方。

3. 沙發座位後方的鏡子，可以懸掛山水畫將其遮掩，讓人感覺有依靠。

其次，如果套房裡想要擺放一些植物或花朵，則要避免擺放假花，因為假花代表虛情假意，就算職場上有合作機會出現，也要小心遭人扯後腿，或是有其他後患之憂。

開門見鏡形成鬥口煞的風水格局，容易與人發生爭吵口角，最好避免在門口擺鏡子。

三、雅房

雅房的格局，常常會遇到兩間臥室門相對的情況，由於兩個門就像兩個口，因此會形成「鬥口煞」，在外容易跟人發生口角。如果房門沒辦法改向，可以加裝門簾，或是貼上春聯，代表相敬如賓。

另外，還有一種狀況，就是一開大門所有的房門一覽無遺，這種風水也容易遭遇一些口舌是非。如果中間有一座比較大的門，旁邊又有兩座小門，形成「彼肩門」的煞氣，代表大門吃小門，要特別注意小人的問題，很多機會容易被小人劫走，或是遭人扯後腿。化解方法也是一樣在左右兩個小門上掛上門簾來修飾門形。如果，門上有窗也容易發生口舌是非，所以最好用布簾遮擋，

兩扇門相對，形成鬥口煞，
容易與人發生口角，可以加
裝門簾化解。

四、分租公寓

分租的公寓，若是大門一進就是廚房，沒有客廳的話，就會形成
「有灶無堂」的格局，容易造成住在這裡的人人際關係往往比較
弱，建議在廚房前加裝布簾，以區分灶堂。此外，如果房間有個側
陽台就能為自己帶來貴人緣，但是盡量不要在此曬衣服以免遮擋住
視線，如果要曬也要曬在左右兩側，讓中間留有一些風景可看。

房間裡有側陽台的格局，
可以為自己帶來貴人運。

五、頂樓加蓋

頂樓加蓋的房子，屋外的陽台，常常可以看見拉到頂樓的電線，
因此如果地上有電線裸露，也要整理收藏好，因為乍看之下很像
一條條的蛇，會形成所謂的「蛇煞」，代表在外容易遇到龍蛇混
雜的朋友。外面如果有小花園必須整理乾淨，否則在外地工作可
能容易被騙或犯小人。

電線外露會形成蛇煞，盡量將電線整理好，即可避免。

 化解人事不和小祕法

對應當年的生肖流年，可以在那一年的煞氣方位擺放關公、彌勒佛或桃木劍等物品除煞。此外，也注意這些煞氣方位不宜擺放會動的東西，如冷氣、音響、流水盆等等，才能減少口舌和小人。

流年	方位
虎、馬、狗年	北
鼠、龍、猴年	南
牛、蛇、雞年	東
兔、羊、豬年	西

Part.4　健康無憂好風水

不少上班族認真工作，但是可別以為年輕就是本錢，努力工作也別忘了要善待自己的身體，否則造成身體的負擔，反而得不償失。我們的健康與生活方式息息相關，除了平常規律的作息以及飲食習慣，生活環境也佔了很重要的因素。假如生活在一個良好的居家環境，健康也比較不會出現問題；如果居住在一個不好的生活空間，身體自然也會反映出相應的問題，因此，居家風水好壞對我們的健康運勢絕對有著潛移默化的影響。

居家風水好，健康沒煩惱

想要打造出好的健康運勢，那麼下面這些風水知識就必須一一掌握。

一、臥室

臥室是我們休養生息的地方，辛苦工作一天下來，拖著疲憊的身軀，想要進房間休息，一打開門卻被鏡中自己的身影嚇到，長久下來就會對身心有不好的影響。半夜睡眼惺忪起來上廁所，上完

後開房門被鏡中自己的身影嚇到，也是一樣的道理。因此床鋪不能對到鏡子，開門也不能直接面對鏡子，最好是能移開，若是反光玻璃窗，照起來像鏡子一樣的話，就要用布簾遮擋，以免影響居住者的心神寧靜。

此外，床的左右如果都有窗戶的話，容易睡得不安穩。窗戶上可以貼上不透光的貼紙，或是掛上不透光的窗簾，以減少光源的射入，避免氣場太過流通，反而使能量無法聚集。還要注意床尾不要正對著門，下半身的健康或泌尿系統容易出問題，如果床尾正對更衣室的門，最好掛上門簾避開。

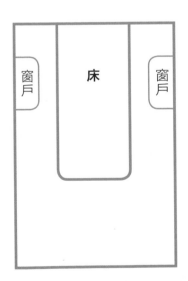

床的左右皆開窗，容易睡不安穩，影響健康，最好掛上不透光的窗簾。

二、廚房

自古以來，民以食為天，因此廚房不僅是講求「溫飽」的地方，還是讓生命「健康」延續之處。身體健康才是真正的本錢，想要無痛無病，居家環境的廚房格局有四大禁忌：

1. 廚房的門內不宜有任何其它房間，否則會形成「灶包房」的格局。如果進出臥房必須先經過廚房，脾氣、肝火都容易受到影響，使人脾氣暴躁、情緒不穩，而且也容易產生心

血管方面的疾病，建議可以在床頭擺放黃金葛盆栽來化解火氣。

2. 廁所的門設置在廚房裡，形成「灶包廁」的格局，這種格局在風水中稱為水火相沖，由於廚房主要代表腸胃消化系統，廁所則代表泌尿系統，因此居住者容易會有這兩方面

的健康問題，建議可以在廚房加裝拉門，來化解格局無法更改的健康危機。

3. 廚房門對房門，睡在這間房間的人，情緒容易煩躁，因此為了隔絕廚房的火氣沖向房間，房門最好加裝過膝的門簾。

冰箱對著瓦斯爐,產生水火沖的煞氣,居住者容易會有腸胃的健康問題。

4. 冰箱正對爐灶會有水火沖的問題,冰箱在古人來說就是放菜的
   地方,如果冰箱與爐灶距離太近,食材會受炭火的影響產生變
   質,因此容易影響身體健康,常常會有腸胃的問題。因此建議
   平常沒有使用瓦斯爐的時候,可以用白鐵罩把爐灶蓋起來,去
   形除煞,但是千萬不可以用透明的隔板。

三、浴廁

乾淨清爽的浴廁令人身心愉快,除了平常要留意潮濕、穢氣的問
題。還有幾種格局容易影響健康,需要特別注意。

1. **廁沖灶，傷女主人健康**

   廚房如果對門，除了儲藏室的門之外，其餘空間的門都不建議，因為這會形成水火沖，又叫無情沖，因為水很快就澆熄火，象徵病痛來得很快。廁所如果正對廚房的門，特別是女性居住者的健康要小心，建議最好加裝門簾，而且以整片式的比較好，掛上去可以解煞。

2. **廁沖床，居住者煩惱多**

   如果廁所馬桶對著床，穢氣直沖向睡覺的地方，導致睡這間房間的人會有比較多煩惱。化解方式就是把馬桶轉向，若無法轉向，就在馬桶水箱上擺放土種黃金葛來化解。

3. **廁沖客廳，健康堪慮**

   廁所開門沖到客廳，容易影響全家人的健康。化解方法一樣是要在廁所擺放土種黃金葛盆栽。

廁所對著廚房的格局，女性居住者的健康容易出問題，建議加裝門簾擋煞。

破解租屋風水格局

風水不但跟金錢運有關，也與健康關係密切，我們沒有健康的身體，怎麼會有體力與精神去工作呢？因此如果每天一開始工作就很愛睏，那可能就是居家風水出了問題喔！下列就一般租屋風水經常出現的幾項格局問題，一起來檢視自己的住處，為健康風水做個大體檢：

一、獨立套房

在小套房裡，享受獨立的衛浴設備，雖然非常便利，但是因為坪數不大的小套房，廁所位置如果位於廚房後面，要注意灶後若有馬桶，容易導致人思緒紊亂，最好的化解方式是在瓦斯爐旁放黃金葛盆栽，或抽油煙機上放龍龜。

此外，如果馬桶擺放的位置過於歪斜，容易遭逢厄運；如果馬桶墊高，穢氣也會一起加高，建議化解方式可以在馬桶後放一桶木炭，裡面放九根木炭，然後綁著紅線。當然也不建議將廁所墊高，因為這會加重穢氣進而影響健康，如果無法更改格局，可以種闊葉植物或者加裝綠色門簾來化解。

如果遇到廚房後面是廁所的格局，容易使居住者產生健康問題，建議在排油煙機上放龍龜化解。

二、分租套房

小套房的床頭後面如果就是廁所的話，因為一直受到穢氣影響的關係，身體容易出狀況，最好能將床改方向睡。此外，廁所開門見鏡，容易發生泌尿系統的毛病，因此最好的化解方式就是在鏡子上加裝布簾或移開鏡子，以免影響健康。

廁所開門見鏡，容易影響居住者的泌尿系統健康。

三、雅房

雅房空間比較小，鞋子放在房間，本來就容易產生穢氣，除了會影響人體的腸胃，時間一久，還會造成皮膚過敏，而且如果鞋子擺放的位置比人站起來的時候高，也容易讓穢氣沖天，導致身體經常生病，所以鞋子盡量不要擺放在房間。另外，雅房的窗戶上盡量不要裝風扇，因為窗代表眼睛，窗上有崁入式電風扇，容易傷眼睛，化解方式就是將電風扇拆掉，改用落地型風扇。

雅房的空間通常比較小，外出鞋放在房間裡，會影響居住者的腸胃健康。

四、分租公寓

分租的公寓，房間坪數通常不大，因此不適合放太大的燈，燈飾太大，反而會造成過度的壓迫感，弄得自己心煩意亂，最好能將燈具換成適當大小比較好。如果燈具位置壓在床上，也會影響健康，如果在胸部上面，會有胸悶、壓力大的感覺，尤其是垂吊式的燈不適合放在房間，容易帶來意外災害，最好是換成吸頂式的燈。此外，如果冷氣壓在床頭上，也容易影響睡眠，會有莫名的恐懼感，最好的化解方式是床位移動或是將冷氣移開。

垂吊式的燈具不適合放房間，容易讓居住者產生莫名的壓力，最好改成吸頂式或間接照明。

當然也要避免樑壓床，風水中認為橫樑的形狀就像一把刀，刀懸在床上，壓到哪就會傷到哪，如果樑壓床頭，容易有頭痛、偏頭痛或是腦部的疾病產生，另外橫樑壓床容易導致壓力過重，常常會睡到半夜突然無故驚醒，然後就睡不著了，導致每天精神都很不好，進而影響健康。最好要移動床鋪，或是可以在樑的兩端同一側面掛葫蘆化解。

冷氣壓床，容易睡不安穩，影響健康。

五、頂樓加蓋

頂樓加蓋的房子，冬冷夏熱，而且容易有噪音，產生音煞，導致心神不寧、睡眠品質不佳，最好可以加裝氣密窗化解。此外，如果租賃的房子廚房很小，冰箱必須放在廚房外面，擺放的原則以在大門看不見冰箱為原則。而冰箱代表食祿，如果有房門正對冰箱，會影響居住者的消化系統，住在這個房間的人容易發福，腸胃容易出問題。

12 生肖床位的擺放禁忌

擺放床位時，有人會注意四周煞氣，也有人會合自己的八字，但是為了讓睡眠品質更好，建議要注意擺放的方位，如果常常睡不著，可能就是床位擺錯了。

12 生肖床位忌擺方位	
猴、鼠、龍	忌 坐南朝北
蛇、雞、牛	忌 坐東朝西
虎、馬、狗	忌 坐北朝南
豬、兔、羊	忌 坐西朝東

（湯鎮瑋老師提供）

Part.5　家人平安好風水

在外地工作的上班族，人生除了求名求利，最重要的還是祈求出門在外能平平安安，平安就是一種最大的福氣。如何從居家風水著手，讓自己的出外運途一帆風順，這個章節將會一一介紹。除此之外，出外租屋的環境，也有可能會影響老家家人的整體運勢，千萬不可小看！

租房子礙於預算、礙於交通，選擇已經很有限，加上現代都會區因為人口眾多，房子蓋得又窄又密，常常一開門就遇到不少煞氣，搬來搬去也都躲不開壞風水，其實只要透過風水小妙招，不用搬家也能化解一些常見煞氣。

一家保安康，打拼無煩憂

居家風水是無處不在的，想要一家和氣平安，在以下幾個地方需要特別注意風水的擺設：

一、大門

家家戶戶都有自己的門神保佑家宅平安，在風水中有一句口訣：

「陽宅三要門主灶。」也就是大門、主臥室、廚房是風水最重要的地方。其中的大門象徵一道屏障，守護一家大小，因此有關大門的風水知識不可不知。

現在的居家大門通常都是金屬製，容易影響居住者之間的感情，最好能貼上木皮或是春聯化解。

1. 拱形門，家人不聚

拱形的門容易影響家人之間的情感，家人容易四分五裂，全家人不常聚在一起，如果無法重新裝潢，建議可以在門上掛九宮八卦牌化解。

2. **金屬製大門，身體容易出毛病**

   白鐵材質之類的大門，就像一個冰櫃門，住在屋裡的人，身體健康小毛病不斷。另外，這類鋼鐵門，感覺就很冰冷，家人感情也會因而受到影響，造成家人不團聚，建議最好把不鏽鋼的地方貼上木皮，並在門旁貼上春聯來化解寒氣。

3. **同門不同軸，家人感情不佳**

   大門設有鐵門和木門兩扇門，但是內外兩扇門的軸心不同邊，也象徵著家人不同心，因此居住者之間容易起言語上的衝突，建議化解的方法是將門改成同一邊，或在內外門中間的夾縫掛五帝錢。

4. **內外門為大小門，夫妻失和**

   大門若有大小門的狀況，夫妻容易起口角，感情易生變，倆人只會各做各的事，互動反而不多，建議化解方式是在門把的地方掛五帝錢，或是將門改成左右同方向，大小也要一樣。另外，大門大而氣派顯示尊貴，但是門太大也不行，像鐵捲門沒有門楣，就容易口大氣收，出入的門太小或過矮也容易會讓出外發展受限。

5. **樓梯壓大門龍邊，男主人外傷**

如果站在大門面向外面，左邊正對樓梯，男主人的健康就要小心；如果是大門右邊正對樓梯，則是女主人要小心，建議可以在大門掛葫蘆或五帝錢來化解。

6. **鏡照門，家人易起口角**

出門前，大家總喜歡照一下鏡子，確認自己的服裝儀容是否得體，但是如果鏡子放在大門口，照到大門，表示家人容易有紛爭、易吵架。最好將鏡子拆掉，或是用一塊布將鏡子遮起來化解煞氣。

總之，對一戶住宅來說，大門口象徵著第一印象的門面，所以一定要乾淨整潔，切勿在大門口堆放雜物、垃圾，看起來髒亂無章，這樣不但會影響自己的運勢，而且還會將汙穢的氣息帶進房屋，從而影響房屋裡其他居住者的運勢喔！

二、天花板及地板

天花板與地板，象徵著天羅地網，該怎麼配置，才會帶來平安的好風水呢？

1. 天花板龜裂、壁癌，影響身體健康

天花板和天台都代表著長輩的健康，如果有出現龜裂的現象，代表父母的身體健康容易有問題。除此之外，如果連牆壁都有壁癌橫生，那麼會有長腫瘤的隱憂，建議大家一定要定期整修。

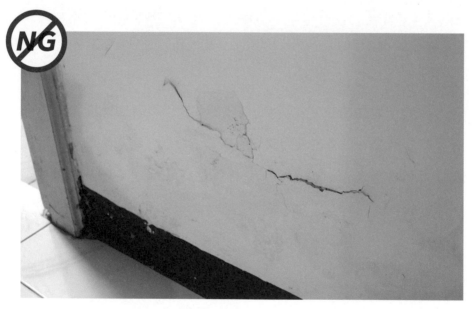

牆壁如果有壁癌，居住者容易有腫瘤的健康問題，一定要定期抓漏粉刷。

牆壁龜裂與運勢影響

居家空間分別代表著不同的身分,因此主要影響的人物也不太一樣。

客廳:主要影響男主人的健康與運勢

主臥室:主要影響夫妻感情與運勢

廚房:主要影響女主人的健康與運勢

後陽台:主要影響子女的健康與運勢

另外,要注意如果家中未掛畫的釘子留在牆上,就會形成破腦煞,須拔除,並補平孔洞,否則會影響頭部,頭部容易受傷或頭痛。

2. 造型天花板,影響健康

不管是尖角、凹陷造型的天花板,只要有凹凸不平,都會形成風水弊病,嚴重影響健康。天花板還是要改成平整或圓形,不要有其他形狀比較好。而且常坐在凹陷天花板罩罩的下方,也會阻礙財運發展。此外,很多社區別墅的屋頂,頂樓都是斜斜的,如果不住人還好,若是當成房間,容易造成壓力大,筋骨痠痛,建議要加隔板把它包起來,才能去形除煞。

3. 天花板沒有主燈，前途運勢一片黯淡

客廳如果白天採光尚可，因此而少裝了主燈，導致晚上過於昏暗，容易影響家人運勢，不但無法聚財，也會缺乏貴人運。最好裝上圓形主燈，因為「天為圓、地為方」如果天花板有圓形燈飾，也是吉祥的象徵。天花板象徵的天如果太開闊，代表家人常遠行，因此樓中樓的天花板一般高度很高，家裡的人會比較常有遠行的機會。

天花板缺少主燈，居住者的運勢容易不佳，難以聚財，缺乏貴人運。

4. 居家地板像刀煞，影響出入平安

客廳的地板如果是採用直條拼裝的木頭地板，要注意不要直直面向門口，因為這樣有如一把把銳利的刀，會使貴人不願意進門，長輩緣也會比較弱一點，可以在門前放一塊板子或五帝錢作為阻擋。此外，客廳的燈或是衣架等物品，也要注意不要對準門口，如果有的話最好移開。

木地板直紋對著門口的設計，會讓貴人不願意進門，可以擺五帝錢擋煞。

5. **地板高低不一，家運起伏大**

   家裡同一樓層的地板若有太多不同的高度，會導致家運起伏、不安定，建議在自己的房門口壓五帝錢會比較好。

6. **地面全磁磚，呼吸系統不佳**

   當房子的牆壁或地面都貼上磁磚時，由於溫差很容易導致「反潮現象」，居家太潮濕會讓牆壁或地面磁磚出水，造成濕氣過重容易滋長細菌或黴菌，影響呼吸系統跟皮膚，過敏問題也會比較多。建議除了浴室以外的牆壁不要使用磁磚，另外也可以利用木炭加強除濕。

三、後陽台

後陽台一直是大家容易忽略的地方，不過這裡可代表著後代子孫的運勢，若是把後陽台當成堆放雜物之處，甚至是養寵物的場所，就會阻礙了後代子孫的前途發展，因此要特別注意家中是否有下列的情況。

1. 後陽台當成曬衣空間遮擋採光進入屋內，容易造成晚輩叛逆、健康問題叢生等的狀況。因此，一定要保持光亮整齊，因為有遠景的後陽台才不會為後代子孫帶來災難疾厄，讓子孫的運勢

變得低迷，前途堪憂喔！如果後陽台不大又非得將後陽台當成曬衣空間的話，可以買一個象徵圓圓滿滿的鹽燈 24 小時點亮著，將鹽燈擺放在後陽台增加亮度。

2. 如果後陽台有兩個門，在風水上就會形成「迴風煞」，易破財、人丁不旺，最好將其中一個門封起來，或是改作為窗戶用厚窗簾遮起來，以化解煞氣。此外，如果房間裡也有迴風煞的格局，居住者的脾氣會比較固執，甚至完全不聽他人意見。

迴風煞

3. 後陽台就等於晚輩，如果後陽台擺放抽風機，抽風機的風扇就像是一把把刀的形狀，一開門就見刀，這樣會影響小孩的身體健康，就算沒小孩，居住者住久了身體健康也會產生問題。建議擺放松木或盆栽來化解，高度以看不見抽風機為原則。

破解租屋風水格局

下列就一般租屋風水經常出現的幾項格局問題，為大家一一做個說明：

一、獨立套房

廚房如果有柱子形成壁刀切到爐灶，對女性的身體健康狀況不利。建議在爐灶前的牆壁，貼上寫著「對我生財」的紅紙。如果是樑壓到爐灶，由於廚房代表女性，影響女居住者的健康問題比較大。化解方式就是在瓦斯爐上方左右放麒麟踩八卦加葫蘆。

麒麟踩八卦

如果是沙發背部貼著柱子，健康容易亮紅燈，尤其是背部筋骨的位置；如果是柱子的壁刀切床，像是刀子往身體砍，睡一次砍一次。最好要將沙發或睡床往旁邊移，避開壁刀即可。

二、分租套房

租賃套房時要注意，大門一開就會看見樓梯的柱子，或是套房一

開門就有樓梯稱為見空，會有馬上就掉下去的錯覺，容易影響腸胃也會漏財。建議最好加塊隔板，化解見空和見柱的狀況。

風水上來說，樑為主是父母，柱為輔是晚輩，如果有柱大於樑的狀況，會有奴欺主、下犯上的問題，因此家中也會容易因為小事吵起來，孩子常常有以下犯上的情況，居住者出門容易受欺負。建議柱子上要懸掛鏡子來化解，鏡子的大小宜為 21 公分的倍數才為吉數。

三、雅房

一般雅房雖然比較小，而且有些房間直接將整個地板墊高，不用床架，造成下面懸空，易傷筋骨，居住者容易成為勞碌命的風水格局。其次，不建議睡地上，貼近地板濕氣重，對身體很不好，因此如果租來的房子雖然已經鋪上木地板，最好還是要買床架比較好，至少也要加上彈簧床墊，千萬不要直接睡在地上。

四、分租公寓

全家人一起租屋時，選房間也要注意，以古人觀念來講是尊後卑前、尊大卑小，因此長輩應該睡後端或者較大的房間，如果有下列幾種現象稱為不孝房，容易跟父母有口舌爭吵，子女也容易沒

大沒小。

大小：晚輩大房，長輩小房

前後：長輩前房，晚輩後房

高低：晚輩樓上，長輩樓下

明暗：晚輩明房，長輩暗房

此外，家人一起居住也要避免在牆上掛八駿圖，由於馬匹數量太多，會導致家人間意見多，誰也不讓誰。一般來說這類的圖比較適合掛在業務類型的工作場所，讓業務人員願意向外奔波發展。如果家中廚房前裝有鏡子，鏡子反射形成兩個廚房，就有一房兩灶的情形，這樣會造成灶神互沖，母女會吵架，建議將鏡子用霧面壁紙貼起來，以化解煞氣。

五、頂樓加蓋

頂樓加蓋的房子，天花板常常偏低，但是太過低矮就像累贅，有天塌下來的強烈壓迫感，居者會壓力過大。尤其是客廳屋頂的天花板，最好是高高在上，對於住宅風水來說，它是天的象徵，因而相當重要。現代住宅樓層高都在二米八左右，如果屋頂再採用假天花板來裝飾，設計稍有不當，便會造成壓力，常久居住身體也會感受到壓力。建議可以在四個角落擺放白水晶柱，用正面能量頂住天花板下壓之氣。

缺少哪個方位，影響全家？

將住家劃分為九宮格，如果房子不夠方正，產生缺角的話，會對全家造成健康上的影響。

缺東方、東南方：這兩個方位主要影響神經系統，此外，東方為長子位，若有缺角，不易生育男丁。

缺南方：南方管火，因此心臟容易有疾病。

缺西方：西方屬金，主管呼吸系統，如果有缺角，呼吸系統不佳。

缺北方：北方管水，因此腎臟或泌尿系統比較容易出問題。

缺東北方、西南方：居住者的胃腸容易出狀況。

雖然房子的格局我們無法改變，但是我們可以在缺角的 L 形兩邊擺放 36 枚的五帝錢，也就是每個牆角擺放 18 枚。如果是 ㄇ 字形的缺角，則可以在室內的三邊各擺上 12 枚的五帝錢。

（謝沅瑾老師提供）

chapter 2

必勝的
工作場所風水

居家風水講究格局佈置，辦公室當然也不例外，對於整日在辦公室裡忙進忙出的上班族來說，如果覺得事事不順，一進公司就有口舌是非，關鍵問題可能就在每天上班的地方。辦公室的格局不佳，不但遇不到貴人，更容易招惹小人，事業發展充滿危機啊！

隨著社會發展愈來愈進步，職業種類也愈來愈多元，加上每個人的命格不盡相同，同處一個工作環境，自然無法配合所有人來佈置，但是在風水格局上不論是一間公司，或是個人工作室，都不離風水的基本原則。雖然大部分的人不能選擇工作地點或是辦公桌的位置，至少可以在個人工作空間裡做部份的調整，從此擺脫窮忙一族，使得工作前景一帆風順。

Part.1 工作空間風水解析

工作場所的風水都會受到環境的影響，這些辦公大樓風水的好壞，不僅影響老闆事業運勢，也攸關員工的健康、人際交往以及晉升等等，可說是與上班族的生活、財富有密切的關係，由此可見，辦公室風水的重要性！不過，現在也有許多辦公大樓的設計與裝潢為了尋求創新或是貪圖方便，忽略了風水上的問題，在不知不覺中就觸犯了很多風水禁忌，不僅影響上班族個人的發展，也阻礙了公司的財運。

其實，職場風水和住宅風水同樣重要，因為升職、加薪是每個上班族最關心的問題了，大家不妨透過職場風水布局，對辦公室環境進行調整，相信一定能使每個人的才能發揮到最佳狀態，創造絕佳的事業運。

外在煞氣輕鬆化解

一個好的辦公環境風水應該視野開闊，沒有任何建築物的阻擋，然而現實的大都會生活中，沒有一間房子是零煞氣的，重要的是

如何將這些煞氣化解。而且同一棟大樓，每一個樓層看出去的煞氣都不一樣，因此要根據自己窗外的視野觀察煞氣種類，才能做最有效的改變。

1. 路沖

如果公司大樓位於路沖，只要從事的行業，在五行裡屬「金」的就不需要太過擔憂，像是銀行設在一樓，銀行行業就屬「金」，或是需要用刀子切東西的行業，例如餐廳，其它還有電腦及週邊產業、汽車零件業、手機通訊產業、珠寶業等等都不會受到影響。如果是位處路沖的辦公室牆面最好以白色為主，太強烈的顏色容易造成口舌是非多，內部意見不合。如果不是上述的行業，在選擇辦公室的時候，最好避免此類的沖煞，才會讓公司事業興旺。如果遇到這個沖煞，短時間內無法更換辦公室，可以在門口前擺放盆栽，或是放置乾坤太極圖、山海鎮來化解。

2. 天斬煞

所謂「天斬煞」是指兩幢高樓大廈之間的一條狹窄空隙，它的形狀猶如用刀從半空切成兩半。以風水學的角度來看，倘若辦公室面對「天斬煞」，在裡面工作的人員很可能容易產生病痛、意外、口舌是非等問題，因此不宜選擇面對「天斬煞」的辦公大樓，如果無法短時間內搬離，可以正對煞氣擺放石敢當、懸掛凹面鏡或山海鎮化解。

兩棟大樓之間的狹窄空隙，即為天斬煞，面對天斬煞辦公的人，身體容易有病痛，建議擺放石敢當或懸掛凹面鏡、山海鎮化解。

3. 辦公室外的尖角煞氣

風水學認為有形就有靈，因此只要尖銳的物品就會產生煞氣，如果從窗戶正對面看過去有建築物的屋角、牆角，甚至是尖形的凸角，都可以視為煞氣，破壞辦公室裡的氣場，讓上班的人無法集中精神思考，使工作效率下降，使得公司的發展受到不良的影響。以上煞氣建議可以擺放九宮八卦鏡、麒麟踩八卦以化解煞氣。如果不想放這些寶物來化解，也可以擺放植物來阻擋，一般來說陽性植物芙蓉有三陽開泰之意，可以化解外煞。

從辦公室的窗戶看到建築物的尖角，即為煞氣，辦公容易精神不集中，工作效率下降，建議擺植物擋煞。

4. **路弓煞**

工作空間的門前道路像弓形向外彎出，會對辦公室裡的人員造成傷災，對事業亦有不利的影響。建議可以在面對煞氣的地方懸掛山海鎮來化解。在風水學中，辦公大樓外，最好是有環抱形的道路成為「玉帶環腰」的格局，如果是有高架道路，形成一邊高一邊低，如同倒財水一樣也是助益，但是要注意從龍邊（面對窗戶的左邊）高處往虎邊下降就有助於男生運勢，反之則有助於女生發展。

5. **矮人房**

辦公空間所在的建築物周圍大樓聳立，相對比較低矮，形成矮人房，影響事業運，可以在前明堂（大門口外）擺放松柏盆栽形成遮蔽效果來化解。

矮人房

不怕屋內煞氣作怪

一般的辦公大樓，有些沒有隔間，有些則是只有輕隔間，不論如何設計，都能重新規劃，但是住辦合一的辦公環境或個人工作室，就會有很多既定格局的限制，下列就教大家辦公室內的好格局擺設，讓大家在任何工作空間內都能快樂賺大錢！

1. **正確利用廚房空間**

   小公司或是工作室如果保留原本的爐灶沒有拆掉，在風水中還是屬於廚房的空間，由於廚房代表財庫，有些公司為了節省空間，拿來當作儲物間堆放雜物，容易擾亂思緒，使人亂投資。最好能將廚具拆除，去除形煞，如果無法拆除，則要好好整理廚房的空間，使其乾淨整潔，象徵財庫光明，才能聚財。若租來的辦公室，爐灶無法拆除，可以用隔板阻擋視覺。

工作室的廚房堆滿雜物，容易使人思緒紊亂，投資失利，最好整理乾淨。

此外，也要注意爐灶和冰箱是否正面相對，形成水火相沖，這
會影響在這屋子的女性職員，尤其女性職員會莫名的壞脾氣，
造成公司中的女職員爭寵。建議要將冰箱移位，若無其它位置
可放冰箱，則用ㄇ字隔板遮擋或用鐵蓋遮住爐灶。如果樑壓在
爐灶上也會影響女性職員的身體健康。

2. 化解包袱屋帶來的壓力

如果將後陽台增建頂棚，用來囤貨、放雜物，在風水上就會形
成包袱屋的格局，會導致在這個地方工作的人賺得多花得更
多，投資容易失利。另外，有些辦公大樓的露台比較大，在露
台搭建一個工作空間，這也是一種包袱屋的格局，容易使公司
的營運出現絆腳石，產品開發後容易胎死腹中，而且這樣的工
作環境通常濕氣重，在這個地方辦公的人容易感冒，跟溼氣有
關的病痛容易纏身，影響身體健康。

包袱屋的方位在南方影響貴人運，在北方影響事業運，如果廚
房連接包袱屋，代表今天存進來的錢，明天很快就出去了，容
易導致公司人員、合作夥伴吃裡扒外。因此最好的化解方式就
是保持走道暢通，並在四個角落掛白色水晶球化解。如果座位

旁邊就是包袱屋，也會影響運勢，容易使坐在那個位置的員工壓力變大，扛業績扛得很辛苦。

如果是自宅的工作室加蓋形成包袱屋，容易造成莫名的家累和負擔，以及子女叛逆的問題。一般來說，透天厝往外加蓋，盡量要上下層都一起加蓋，才不會形成單獨的包袱屋，如果已經來不及改變格局，可以在工作室的四個角落掛九宮八卦銅牌化解。

在後陽台增建頂棚、堆放雜物，形成包袱屋格局，在這樣的環境辦公，容易收支失衡，建議將這個空間整理乾淨，在四個角落掛白色水晶球化解。

3. **統一辦公室門，齊聚公司向心力**

   公司裡若有隔間，建議門一定要統一，不然公司內部就容易人多嘴雜，意見不一，溝通就會產生問題。門的款式大小不一，公司內部的理念難以一致。

辦公室的門，一定要款式統一，工作之間的溝通才會順暢。

4. **避免鏤空設計，掌握判斷力**

   辦公室上方鏤空，或是隔間未隔滿，等同被截腦袋，判斷力容易失準，造成事業難以出頭。

5. **後陽台蛇煞，導致下屬不忠或交友不慎**

在居家風水中，後陽台代表子女，在住辦合一的辦公格局裡，後陽台是指下屬或晚輩，如果管線凌亂形成蛇煞在後陽台，會導致下屬不忠等問題，化解方式是將這些管線用布或板子擋住，甚至將管線漆成和牆壁相同顏色。

6. **吊燈過低，天羅低成就低**

辦公室內如果沒有挑高，盡量不要使用吊燈，容易讓天花板感覺太低，造成前途發展的阻礙，最好是改用吸頂式燈具，以避免這樣的危機。

此外，如果要在住家設置工作室，建議要設置在樓上，代表以客為尊的禮貌，如果家裡的工作室沒辦法設置在樓上的話，也可以墊高做為區隔喔！而且也能在工作室的門口擺放秤頭，取其諧音「出頭」之意，方法很簡單就是在秤頭綁上紙鈔，掛在房門口或財位之處，可以守財、防止劫財，也可以鎮宅。當然也可擺放天秤有招財之意，取其「秤錢」的諧音，但是需注意秤頭和天秤兩種物品不可同時擺放。

逆轉勝的風水妙招

煞氣其實是一體兩面，如果用到好的地方，反而可以幫你加分。世界上沒有百分之百的好房子，所以要懂得見招拆招，靠後天來改良。接著就來看看，如何以小錢創造出風水大格局吧！

1. 樓中樓型的工作室，大多有樓梯梯刀的煞氣，如果沒有用隔板封起來，容易有血光，但是有些工作室空間比較小，如果加封有礙美觀，可以掛九宮八卦圖化解。如此作法，其實可以讓樓梯為風水加分，為什麼呢？因為，向上樓梯在大門龍邊象徵男主人事業飛龍在天；在大門虎邊象徵女主人事業步步高升。

2. 如果辦公室裡有穿堂風或是座位壓樑等煞氣，可以使用頂天彌勒佛或是臥佛化解壓樑，也可以撐住其他煞氣，或是用佛教寶物瑪尼石來化解，有一切吉祥之意。

3. 古代屏風是用來遮醜、遮蔽隱私，因此辦公室可以利用小小屏風遮擋煞氣，例如擋爐灶，使員工不易脾氣暴躁。

4. 如果不方便在辦公室放聚寶盆之類的東西，可以將鈔票摺成八字形，去廟裡過香火，然後掛在冷氣或電風扇上，就可以吹出財氣。

 辦公室的桃花位

如果在工作室或辦公桌上尋找桃花位，桃花一定是在正方位，可以擺放個人照片、百合花或粉晶，使人緣更好。

生肖	本命桃花方位
鼠、龍、猴	正西方
牛、蛇、雞	正南方
虎、馬、狗	正東方
兔、羊、豬	正北方

Part.2 辦公桌開運風水

無論是上班族，或是高階主管，甚至是老闆，每天待在辦公室的時間至少八小時，不只是大環境的工作空間風水好壞會影響工作運，就連辦公桌的擺設位置，也會攸關職場的運勢起伏，因此檢視自己的辦公桌風水，可是每個上班族的必備工作喔！正確的辦公桌擺設，可以強化職場運勢、不受小人侵犯，讓你步步高升、財運亨通。如果不幸遇到辦公桌的壞風水，也別灰心，下面就告訴大家一些破解的妙方！

絕佳辦公桌格局

俗話說：「風水輪流轉」，如何才能將好的運勢轉到自己身上呢？不管你是坐辦公桌的，還是跑外勤的，有形就有靈，因此你的座位就代表了你在這一間公司的發展運勢。雖然辦公室的大格局，一般職員無法改變，但是每個人都能把自己的辦公桌當成一個小格局來打造好風水。

首先，先來了解各種職位適合安排的座位方位，讓每個人的事業都有最好的發展。

北

老闆	行銷	
		人資
會議室	業務	財務

西 　　　　　　　　　　　　　　東

南

大門位置

老闆：

西北方是乾掛，代表男主人或龍位，因此老闆的辦公室適合在西北方，以掌握全局。

財務：

公司財務的座位宜在最內側或東南方的位置，這個方位最能守財。

業務：

宜在前段，並以南方為佳，具有超強動力，可以當一匹活力馬。

人資：

宜在東方，可以掌管人事資源。

行銷創意：

北方代表智慧的象徵，可以激發很多點子。

會議室：

俗話說和氣生財，如果人多嘴雜意見不和很難賺到錢財，西南方屬於坤卦，掌管人和，因此在此開會，大家比較能夠靜下心來討論，可以激盪出一些好的構想。

當每個職務都能各司其職，公司的業績也才能一路攀升。接著來了解，辦公室座位擺放原則：

1. 每個座位前方都適宜有窗，以提升事業遠景，但是窗戶不適合在座位後方。座位後面一定要有實牆依靠，如果背著門或走道，精神不容易集中；如果背面有路沖、門沖，錢財容易擦身而過，看得到吃不到。因此，座位背後可以掛吉祥話的字畫不僅增加靠山，也可以化解煞氣。

辦公桌背後靠窗，在這樣的環境辦公，容易精神不濟，建議掛吉祥話的字畫化煞。

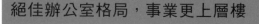

絕佳辦公室格局，事業更上層樓

2. 辦公桌的左右動線要暢通，形成「左右逢源」的格局，以免阻礙財運與貴人運。

3. 老闆或高階主管座位宜擺在房子後段，以鞭策部屬掌握全局，就像下象棋一樣，兵卒一定要在將帥的前方。而且高階主管的座位最好有獨立空間具隱私性。

4. 財務座位不應在進門就見到的地方，代表公司財務透明，錢財容易露白。建議應該設置在公司比較隱密的地方，不要在站在大門就會看到的位置做財務工作。財務長的座位如果在經常走動的路線上，容易使小人覬覦錢財，也就是犯小人的格局。

 保險箱最佳擺放位置

一間公司的保險箱象徵著這間公司的財庫，因此一定要擺放在最佳的地點才能為公司守住好不容易賺來的錢。請根據下列的原則選擇擺放位置。

1. 不要向門。
2. 不要壓樑，容易產生金錢週轉的壓力。
3. 不要放在人來人往的動線上，或是走道旁。
4. 保險箱位置一旦決定了就固定，象徵公司的財庫穩如泰山。

創造好運的辦公桌擺設

你是否也有這樣的經驗，客戶的報價單，不知道擺到何處？主管交辦的文件，不小心被茶水潑溼！辦公桌是我們思考事情，應對客戶的場所，如何佈置擺設也會影響我們的工作表現。下面我們就一起來了解，辦公桌風水擺設的注意事項吧！

1. 風水學上有句話說：「龍怕臭，虎怕吵」，「龍」指的就是我們坐在辦公桌時，面對桌子的左手邊，「虎」就是右手邊的位置。因此辦公桌的左邊（龍邊）最好放置動態的物品，像是電話、喇叭、電腦主機等等，如果電話放對位置，那麼與客戶在溝通事情上也比較容易喔！而辦公桌的右邊（虎邊）則可以擺放比較靜態的文件、資料夾、也可以放一些制煞的物品，如黑曜石之類的擺件。

將小電扇擺在辦公桌左邊，工作時的人際溝通會更順利喔！

2. 桌面一定要擺放整齊，才能讓思緒清晰，如果桌面太過凌亂，
    工作上的東西也不容易找到，容易引來一些挫折，也會有「犯
    小人」的問題。因此，每天利用一些空檔時間，將自己的資料
    歸好檔案，收納整齊，不但有助於工作進展，也能讓主管對你
    有好的印象。

辦公桌擺偶像的照片，會有潛在的激勵作用，提升工作運。

3. 不少小資上班族，都會在桌上放一些偶像藝人的照片，如果把
    這張照片換成是在事業上能夠效法、模仿的對象，在潛移默化
    當中，就會有激勵自己、想要不斷超越的動力；或是也可以放
    置自己的證書，或是偉人成功的物品，比方傳記或是回憶錄等

等，也都會有鼓舞自己更上一層樓的作用。在不知不覺當中，工作效率、品質都會提升，整體事業運也會好轉，進而帶進更多財富。除此之外，想要加強財運的人，也可以在桌上放置五色錢（以順時針方向擺放兩百、一百、五百、一千的紙鈔，擺出一個圓形，中間置放五十元硬幣），就能夠有招財的功效。

4. 可以在桌面的左邊放置較高的資料夾，代表工作能力比較強，以及能夠日理萬機。這不但是激勵自己，同時也是象徵「勞而有穫」，每一點在工作上的付出，也都將轉化成薪水或是獎勵回饋到人身上，如此一來，就不用煩惱能不能展現自己的工作實力或是拿不拿得到相對的回報，也就可以每晚安然入睡。

將資料夾等比較高的物品放在辦公桌左邊，象徵工作能力強，容易獲得獎勵。

5. 從科學的角度來看，從左側來的光，不會被普遍的慣用手（右手）遮擋而產生陰影，在閱讀上對視力也是比較好。而從風水的角度來看，「左青龍，右白虎」，在擺設上要能做到「龍明虎暗」、「龍動虎靜」，就可以透過光線將座位營造成一個氣場光明、落落大方的局勢。

將檯燈擺在辦公桌左邊，形成「龍明虎暗」的格局，有助於提升工作運。

6. 一樣從科學的角度來說，盆栽植物能夠行光合作用，製造氧氣，自然可以讓座位的空氣比較新鮮，工作時頭腦也會思緒清晰。而風水上，植物也是代表生氣勃勃，象徵事業運蒸蒸日上，擺放時也建議擺在桌子的左側。

辦公桌左側擺上盆栽，
象徵事業蒸蒸日上。

辦公桌上除了工作用的物品外，最好不要擺放太多雜物；抽屜內的文件，也要整理分類好。另外，座位旁不能有大垃圾桶或雜物堆，這些都是穢氣的來源，避之則吉。

各種職位的開運小物

老闆：山水畫，讓財運似水流，滾滾而來。

　　　竹子圖畫，象徵虛懷若谷，使人謙虛向上。

財務：聚寶盆、貔貅，象徵聚財、守財。

業務：駿馬，象徵四處奔走，使工作充滿動力，特別留意馬頭要朝門外。

人資：彌勒佛，以求人和。

行銷創意：紫晶洞、文昌塔，求開智慧。

五行職業開運物

不同職業也有不同的開運物能夠增加事業運以及財運。金融業以及科技業屬「金」，為了達到「金氣橫生」的效果，桌上可以擺放銅雕、金屬飾品、金屬器皿，或是如果可以選擇的話，辦公家具採用金屬材質，都能達到加分的效果。

- 教育、出版等等與紙張相關的產業則是屬「木」，桌上可以擺設盆栽、或放置木雕、木製品，在辦公家具的選用上，選擇實木桌，都可以讓事業、財運相得益彰。

- 業務、記者之類常常需要跑動的職務則是屬「水」，在擺設物的選擇上可以擺放魚缸或是白色飾品，例如桌巾、椅套、或是其它辦公室小物的點綴，都能讓業務蒸蒸日上、記者採訪如魚得水。

- 美妝、藝術類則是屬「火」，可以擺放雞血石、紅色飾品或是鹽燈，都有助於火行的職業能夠更旺，更能展現出在彩妝、藝術的熱情。

- 房地產、建築業屬「土」，可以擺放陶藝品或是石頭，都有讓事業加分、財運亨通的效果。

業務或記者之類需要經常奔波的工作，可以在辦公桌擺上魚缸，提升工作運。

房地產或建築業等屬土的行業，辦公桌上則可以擺放陶藝品，提升工作運。

五行職業最佳開運辦公桌擺設		
五行	職業	開運物
金	金融、科技	銅雕、金屬家具
木	教育、出版	盆栽、木製品
水	業務、記者	魚缸、白色飾品
火	美妝、藝術	雞血石、紅色飾品
土	建築、房地產	陶藝品

辦公桌煞氣大解析

辦公室屬於難以更動擺設的公共空間，不像自家住宅，可以隨心所欲地搬動家具，或是移動方位，因此如果各位上班族被安排到不好的風水位置，該怎麼辦呢？其實還是有些小法寶，可以幫助大家破解這些煞氣！

1. **門沖**：一般有門沖的位置，無法專心處理事務，另外，比較嚴重的是「蝴蝶門」的煞氣，代表人事飛散，沖到這個座位易使員工各奔東西，無貴人相助。如果無法移動座位，又不能在門上掛門簾阻擋煞氣，那麼可以在座椅上加掛五帝錢，提升自己的氣場。

2. **緊貼牆面、通路閉塞**：易與同事溝通不良，建議大家可以在辦公桌前面放鏡子，反前為後、開闊前景。

3. **廁沖**：座位不能正對著廁所門。廁所充滿穢氣，如果長期坐在正對著廁所門的座位，不但容易生病，運勢也會受影響。最好可以在廁所和座位間加裝一道屏風或擺放一些闊葉植物，以阻擋穢氣，而且廁所門也必須隨時關上。

4. **穿心煞**：如果辦公室上方有橫樑貫穿大門到房門，就會形成「穿心煞」，此煞氣容易讓員工待不住，而且員工做愈多老闆嫌愈多，是一個相當吃力不討好的位子，因此最好是能做隔板將橫樑包覆，或是在樑上懸掛葫蘆化解煞氣。

5. **破壞龍動虎靜的原則**：如果辦公桌的右方位於影印機後方，由於磁場外溢，身心都容易受影響，因此最好將影印機移至左邊，或擺放黑曜石化解煞氣。

6. **正對主管辦公室門**：一般來說門口氣場最強，因此如果位置與主管門口相對，容易和主管發生意見不合或衝突，最好在動線

之間放些小盆栽來化解。

7. **壁刀**：座位如果遇到柱子的壁刀，容易使人有血光之災，發生一些職業災害。通常煞氣要對症下藥，像這種煞氣要擺放麒麟或水晶球，如果只擺放五帝錢，無法化解煞氣。

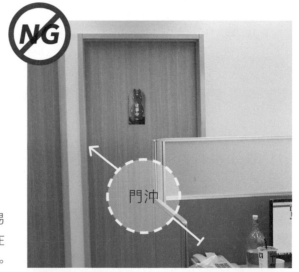

坐在門沖的辦公桌，容易心思不在工作上，可以在座椅掛五帝錢，提升氣場。

座位遇到柱子，產生壁刀煞，容易產生職業災害，建議擺放麒麟或水晶球擋煞。

Part.3 店面招財好運到

除了選擇當個領死薪水的上班族，現在很多年輕人想要獨當一面，創造更多的財富，創業從零做起，租個店面做小生意。而店面的風水也是一門學問，俗話說：「風生水起好運來。」大家都希望店面有個好風水，招來好財運，但是店面除了要選人潮聚集的商圈，還需要懂得風水擺設，才能讓生意興隆、財源滾滾。

住宅風水和商業風水，雖然對於風水格局與煞氣有很多相同的原則，但是因為兩者所求的目的不太一樣，因此風水的佈置上要求也有所差異。住宅一般希望生活平安美滿，所以基本上都是要以「在安定中求發展」為原則安排格局，但是做生意的目的最主要就是帶來人潮並且能獲得利潤，尤其是餐廳、商店之類的場所，如果沒有顧客，就無法賺錢。因此，店內的風水最好是以「充滿動力的氣場」為原則佈置，才能將人氣吸引到店裡來。

那麼，一個好的店面在風水學中該如何裝修佈置呢？下面就來說明可能影響客源的風水問題，以及在管理店面遇到困擾時，可以用小祕方化解的方法。

黃金店面風水挑選原則

開店做生意想要業績長紅，最重要的就是要有優質的服務，或是好產品才能天天門庭若市，但是有些店家無論怎麼加倍努力，就是不見客人上門，其實先天的風水不良，可是會造成很大的影響。下面幾點在選擇店面時，就要盡量注意。

店面保留騎樓，讓人氣聚集，生意自然興隆。

1. 店面需保留騎樓聚集人氣

保留騎樓可聚集人氣，像一些知名百貨公司會保留一個廣場，就是因為可以吸引人氣，讓生意蒸蒸日上。如果是店面可以將大門往內推，騎樓留下一個前明堂，代表將財氣往內送。

2. 避免開門見柱

不論哪種行業，如果店門一開就看見柱子或大樹，代表會讓事業碰壁、有阻礙，建議化解的方法是將柱子貼上鏡子或貼上「對我生財」的紅色紙條。

3. 虎邊開門客人不上門

從風水的角度來看，一個店面的大門關係到納入氣流的吉凶，也掌握了生意成敗的關鍵。根據「龍動虎靜」的原則，如果門開在龍邊，有助於客人源源不絕地上門，而且龍邊更顯得尊貴，讓客人有著「以客為尊」的感覺。

4. 孤陽煞，是非特別多

左右兩邊的店面如果墊高，但是自己的店面沒有墊高；如果將店面外搭建騎樓，但是左右兩邊的店面沒有搭起來，都會形成孤陽煞，口舌是非特別多。如果是廚房墊高易使員工火氣大，還會導致合夥不睦，比較辛苦，因為後面墊高，代表主事者都想往上爬，但每個人的想法或做法不同，所以合夥會比較辛苦。化解的方法可以在墊高處擺放發財樹，如果礙於空間限制無法擺放，可以把 168 元煮過的硬幣，撒在墊高的四個角落，將火氣變成財氣。

5. 不可讓客人從後門進出

客人若從後面進出餐廳，容易漏財，在裡面工作的人容易生病，老闆也容易犯小人。

6. 避開地下室

在選擇店面時，盡量不要選擇地下室，代表做生意容易大起大落，因為不容易聚財，除非特殊行業，如夜店之類的行業。

店面裝修風水不可不知

根據前面挑選黃金店面的原則，選定好風水的店面之後，接著就進入裝修店面的程序，又有哪些原則在裝修時需要注意呢？該如何在風水原則與店內動線安排之間取得平衡呢？

1. **收銀台位置擺對，生意加倍**

   收銀台最好擺放一些招財寶物，例如招財蟾蜍。收銀台的出入口最好設計在龍邊，象徵錢財源源不絕。另外，因為財神喜歡甜食，所以擺放糖果也可以招攬財神上門喔！而收銀台千萬不要正對廚房、背對出入口或走道，易犯小人、用人不忠，最好將收銀台移至店的最裡面，並且背靠實牆。

2. **廚房放虎邊，客源不間斷**

   一般餐廳、快炒店、小吃店等最好將爐灶、廚房設置在店面的虎邊，因為餐飲業需要用到火，如果將火源放在虎邊，象徵爆發的意思，藉以生意興隆、財源廣進。

3. **移除門口燈飾，避開火光煞**

   門口的燈飾如果遮住窗景容易影響事業遠景，也會形成光煞，

最好要將燈飾移掉。

4. **整片透明玻璃窗，難以區分店內外**

沒有內外之分的店面容易破財，最好將整片透明玻璃的一半貼上霧面貼紙，讓店內外劃分清楚，才能藏風納氣，儲存好財運。

5. **冰箱外露，廣結善緣**

如果住家冰箱外露容易產生漏財的問題，但是有些職業則不在此限，例如開店做生意，或是服務業，為了要跟客人廣結善緣，不怕人家吃，所以如果將冰箱放在外面，也不用太擔心。但是，也要預防被吃垮，因此，可以運用一些法寶預防，例如用頂天彌勒佛化解。

店面適合的招財好物

開門做生意當然希望財源滾滾來，因此一定要擺放一些吉祥物品，打造賺錢金店面。

1. 百子圖

   百子圖擺放在一般家裡可以增加好孕氣、添丁。如果擺放在店裡，代表人氣高漲，也可以招財、化解官司是非、防小人。

2. 山水畫或流水盆

   山水畫中的水向內流可以帶進財水，水盆水流的方向也是要向內進財，這樣財水才會流進店內。流水盆內的水是財水，變質會影響財運，流水盆的水過於混濁，就無法聚集財氣，要特別注意水質。在樓梯下設水池可聚財，或擺放流水盆可接續樓上流水盆的財水。

3. 酒（或裝有酒的酒瓶）

   找到店內 45 度角的明財位，在這個位置上擺放酒，代表財水之意。酒水就是財水，有加分作用，如果能再用水晶燈打亮財位更好，因為金水相生可聚財。

4. **匾額**

   「千客萬來」的匾額一般會放在進門顯眼處,另外,匾額放在人來人往的通道也可以帶來吸引人氣的效果。

5. **黑曜石**

   樓梯也有招財妙方,樓梯是可以創造財水的一個地方,而黑色在五行中屬水,所以在樓梯底下放跟五行中屬「水」的物品,例如在黑曜石上面寫著「對我生財」,放在樓梯下就可以招財。此外,樓梯也代表口舌,容易造成一些人事的是非問題,如果擺放黑曜石也能化解一些紛爭。

6. **留言板**

   店內如果要活絡人氣,可以考慮在牆面製作留言板,貼客人的名片、照片,或與名人的合照,也能吸引賓客、聚集人氣喔!

chapter 3

必勝的金錢、
偏財運

上班族想要累積財富不容易，最基本的就是要做到「開源節流」，「開源」不外乎認真工作求取加薪，或是投資理財增加收入；「節流」最好的方法就是養成儲蓄習慣、減少不必要的開銷。不過，如果你已經很努力、很努力地做到開源節流，存摺數字增加的幅度還是只有一點點，這個時候，很有可能是風水在搞鬼，因此，這個章節將透過居家風水上的調整，幫助你抓住財源、避免漏財危機，並且從居家擺設、工作財運以及開運撇步等方面，提升你的偏財運。

Part.1 拯救漏財危機

不少上班族總是有這些疑惑，明明沒有特別開銷，每到月底時打開錢包，剩下的錢卻還是寥寥無幾，或者一個月下來審視自己的記帳本，就會發現總在不該花錢的項目多了開銷，甚至買了一些自己不需要的東西。更不用說現在還有不少「月光族」，每個月的薪水都花得精光，就別提想要儲蓄了。

這時候，其實可以先檢查看看，是不是有哪些暗藏漏財危機的居家風水，先從「漏洞」著手，抓漏之後，才能更有效地「聚財」。那麼要如何「抓漏」呢？下面幾個明顯的漏財屋格局，讓你立刻破除漏財危機！

容易漏財的風水

一、牽鼻水

所謂的「牽鼻水」是大門外正對著向下的樓梯，這是屬於非常容易漏財的格局，因為這象徵著居住者的財富會往向下的樓梯流走，無論居住者多會賺錢也是枉然。而如果是正對著向上的樓梯，雖

然比「牽鼻水」好一些，但是這個格局則代表人在賺錢時，必須
不斷向上攀登才能得到財富，意謂著賺錢過程會很辛苦。租屋族
遇到牽鼻水的格局時，幾乎不可能改變現狀，除非改變大門的位
置，但如此一來，房東大概不會同意，甚至牽動到整個房屋的局
勢。這種時候，可以在房屋外側放置地毯，並且在地毯下壓著五
帝錢，即可破除漏財的危機。

大門對著向下的樓梯，即為容易漏財的「牽鼻水」格局。

二、開門見膳

大門，是一家的門戶，也是財源進出之路，進了家門，如果馬上對著餐廳，就形成「開門見膳」的格局，也是容易漏財的風水。除此之外，也會讓居住者容易懶散。最直接的解決方式，就是移動餐桌位置，或是利用屏風、櫃子等家具隔出獨立的玄關空間。

不過現在普遍的住家坪數偏小，或是在租屋處無法隨意改變房子格局。此時，可以利用五行顏色的錢鈔，以順時針方向擺放兩百、一百、五百、一千，擺成一個圓形，中間置放五十元硬幣，貼在餐桌正下方來化解。這些錢鈔象徵五行：一千元（藍色）代表水、五百元（咖啡色）代表土、兩百元（綠色）代表木、一百元（紅色）代表火、五十元硬幣（金色）代表金。

三、水火互剋

現在許多小坪數或是開放式廚房的房子，經常會有廁所正對爐灶的格局。這時候不只在衛生上有些疑慮，另外，因為廁所屬水，如果與屬火的爐灶相沖，也會影響代表財庫的爐灶，造成破財的效果。破解方式，最好在廁所的門上加裝過膝門簾，抵消從廁所向外流洩的水氣。

四、通道雜物過多

不只固定的格局會有容易漏財的危機，家中的擺設也是能不能成功抓住財運的關鍵。從大門、玄關進到家中的動線，象徵了財運的通路。如果在擺設上讓動線受阻，除了讓人走動時容易感到煩躁，無形中也阻擋了從大門進來的財富。尤其現在不少人住的地方坪數不大，如果不善於收納，經常將東西堆放在動線上，造成動線混亂，也間接地影響財運。因此在家具的擺設、物品的收納上，可以讓動線更通暢，不僅可以納財，也可以讓居住者有更好的心情面對生活的挑戰。

房子裡的雜物亂堆，影響走道動線，象徵財運受到阻塞，最好能收拾整齊，保持走道暢通，財運才會一路順利。

五、家徒四壁

客廳代表了住戶的主要運勢，擺設的訣竅在於乾淨、大方。不過，不少租屋一族，因為房東沒有特別佈置、自己也沒有添購家具，有時候，會讓客廳的陳設過於空曠，甚至流於「家徒四壁」的狀況，這樣的情形會讓財運容易消散。因此，即使是租屋族，也盡量添購一些便宜的家具擺放在客廳，甚至可以在牆上掛山水畫，迎福納財。

提到山水畫，也有一些擺放的訣竅。最近小坪數的樓中樓是一些租屋族為了省錢又兼顧生活品質會考慮的落腳地，這類房子常常都有特別挑高的客廳。如果將山水畫掛在客廳過高的地方，雖然有納財的象徵，但也容易形成「眼高手低」，讓自己與招來的財運擦肩而過，需要特別留意。

將山水畫掛在客廳過高的地方，容易與招來的財運擦肩而過，最好低於門框。

六、座位朝向

台灣有不少河流,而且許多都市都有河流經過,住在附近有河流經過的房子,能夠給人比較開闊的視野,不但在心情上,能夠讓人比較開朗,如果河水清澈、水流順暢,更是個財運通達的象徵。

如果客廳的窗外就是河水,最好客廳的沙發、座位也能與河水相對,這樣代表了能夠讓錢潮自動進入居住者的懷抱;反之,如果座位的方向與河水方向相同,就會容易與財神擦身而過,因為水流總是不斷的往前跑,人只能在後頭苦苦追趕,卻無法抓到財運。

除了河流之外,其實馬路也是具有類似的象徵,如果客廳的窗外正好就是馬路,座位的選擇也最好與車潮方向相對,也象徵著能夠把這些「車潮」、「人潮」都接進來,在事業、在財運上都是很不錯的兆頭。

客廳窗外可以看見的馬路,方向與座位相對,象徵迎來車潮、人潮,帶動財運。

財位忌諱

大多數沒有特別注意財位的人，很有可能會遇到兩個狀況，一是空置財位，另一個是在財位堆放物品。如果是空置財位，不但沒有辦法納財，也會讓賺來的財富不知不覺消耗掉。而因為財位都落在客廳角落的位置，也常常有人會不自覺地堆放物品，但是這樣一來，財位積滿雜物，自然而然也就沒有聚財效果。

另外，如果剛好財位後方直接比鄰窗戶，也會讓人比較難以環抱財富，如果能更改裝潢，則可以讓財位後方是完整的牆壁；如果是在租屋處，則可以在窗戶貼上霧面的貼紙，讓窗戶不再成為讓財富溜走的空洞。另一個讓財位空洞的情況，則是不少人會選擇玻璃擺設或家具，如果在財位選用透明玻璃製的桌子或是隔板，也會讓財位沒有依靠，進而導致漏財。

租屋族為了美化居家環境，經常栽種簡單的植物佈置家裡或是提升房間的生氣，尤其多肉植物因為不用天天澆水，成為許多人的選擇。但仙人掌切忌放在財位，因為仙人掌的針刺象徵容易犯小人，如果放在財位的話，等同讓小人劫財，辛辛苦苦賺來的財富也難以守住。簡言之，在經營財位之前，最重要的是先將財位整理乾淨、保持整潔，並且不要放置非必要的物品。

經營財位

在大方向的格局、擺設上已經解決漏財的危機之後，接著就要在住處開始營造聚財、納財的佈置了。財位的經營，除了本章節後面會介紹的許多法寶之外，也有一些簡單的擺設能夠達到聚財的效果。「水旺財」，可以在財位擺設流水盆，象徵讓錢財如流水滾滾而來，不過要注意的地方是，流水盆的水要保持流動才有效果。同樣與「水」有關的，可以放置魚缸，象徵如魚得水、財源廣進。

而「燈」也是能夠照亮財位的物品，除了後續會介紹的鹽燈之外，如果在財位放置立燈、桌燈，而且保持明亮，也能夠達到聚財的象徵。另外，「花卉」也是很適合放在財位的擺設，無論是實際的花，或是花卉圖都能夠有「花開富貴」的象徵。如果是栽種真的花，則一定要悉心照料，若讓花卉枯萎則會破壞財運。

最後一點則是針對每個人的財運改善，在財位可以放上工作中的生財工具或是代表物，比方業務員可以放上生財工具的電話，出版業可以放上紙、筆等，都有助於讓自己賺錢更加順利、能獲得更多財富。

拯救漏財危機，化煞兼補財

Part.2

個人財運一把罩

在穩定住宅的財位之後，能不能有財，「人」也是很重要的一個環節，畢竟賺錢、工作、理財，都還是要回歸每個人的判斷跟努力。所以接下來，我們就來瞭解「個人」的運勢是如何影響財運，讓自己在生活當中，發現更多聚財、致富的機會。

生辰密碼看破財

除了生肖之外，人出生的時辰也對一個人的整體運勢影響很大，這個出生之刻就已經定調的數字密碼，更是透露了人一生當中勢必會遇上的破財危機。既然已經無可避免，那該如何面對呢？接下來，將會一一討論每個生辰對應到的流年危機。

生辰	流年	危機
子時出生（23-1時）	豬年	容易破財，尤其在投資理財方面，最好能夠採取比較保守的態度以及策略，避免工作收入在投資面上都付之東流。

丑時出生（1-3 時）	狗年	容易陷入迷思以及多慮，在工作以及生活上都容易不順心，造成財運也不亨通。最好可以提前先為自己做出心理建設，當諸事不順時，切忌過度煩心，才不會讓流年危機影響到往後幾年的財運或工作。
寅時出生（3-5 時）	雞年	財運與桃花不利，不是破財便是空窗。因此，當麵包與愛情無法兼顧時，勢必就要做出取捨。
卯時出生（5-7 時）	猴年	財運不佳，不過當年伴侶（非卯時出生）在外地的財運很好，如果在外地工作很容易會有大筆的收入。因此，比較好的方式便是轉念，以「家庭」來思考而不單就個人的財運來煩惱。

辰時出生（7-9 時）	羊年	花錢如流水，無論賺進多少財富，總是很快地花光。比較好的破解方式，便是將錢「花在刀口上」，當年會是買房、買車、裝潢居家的一個契機。
巳時出生（9-11 時）	馬年	容易錢財不來或是很多事情轉眼成空，而如果當年將重心移往工作，不談戀愛的話，有機會能夠減少更多的破財危機。
午時出生（11-13 時）	蛇年	容易會心想事不成，或是有些明明應該賺進的錢無法進帳，此外，也很有可能會因為感情的關係增加支出、造成破財。因此除了財運之外，更要同時注意自己當年的感情狀況。
未時出生（13-15 時）	龍年	會有破大財的可能，也容易因為胡思亂想而增加非必需的支出。除了克制消費欲望之外，也要試著放寬心胸，避免一年的低潮造成往後幾年的損失。

申時出生（15-17 時）	兔年	除了一般的破財之外，在人際以及感情上，也容易因為遇到屬兔的人，進而增加破財的機會。因此，當年除了理財工作上要注意，更要小心因為人際關係而衍生的支出。
酉時出生（17-19 時）	虎年	特別容易陷入破財、孤獨的危機。可以透過布施的方式換得內心的充實，或是也可以稍微增加必要的支出，比方提高房貸、車貸繳款金額。
戌時出生（19-21 時）	牛年	會特別容易感到困頓或是陷入空想、妄想，其一是會有格外花錢的欲望，其二則是會有眾叛親離的感覺。最好的應對方式，便是從心態調整，將當年視為一個「修行」的年度，也可以視為是一個能夠自我成長的機會。

亥時出生（21-23 時）	鼠年	會遇上大破財，而最好的處理方式，便是面對它，由於難以避免，因此如果有遇到該花錢或需要消費的時刻，就用多花費來抵銷意外破財會帶來的傷害。

因為流年每 12 年才會出現一次，換言之，有另外 11 個年頭可以好好準備，無論是提前做好理財規劃，或是做好心理的準備，都能夠減少流年對於人們運勢的影響。

看透夢境的財字

夢境往往都是我們生活當中的映射，西洋有佛洛伊德《夢的解析》，而其實東方也有許多解夢的象徵物，其中更有許多是跟財運相關的暗示，如果以後在夢中出現這些物品或生物，就知道要如何趨吉避凶了！

1. 流鼻血

首先是「流鼻血」，若在夢境當中無緣無故地流鼻血或是嘴角

流血等等，代表的是「破財」，接下來很有可能會有意料之外
的支出，無論是罰單或是衝動花費。因此如果在夢中出現了這
樣的預兆，平常起居就要格外小心，避免受罰，同時更要克制
自己消費的欲望，如果知道難以克制，也可以選擇遠離跟消費
有關的場所，比方百貨公司、賣場等等。

2. **刀槍武器**

若夢中出現「刀槍武器」，這些強盜、暴行的象徵則是代表了
機會、工作容易被人奪走。因此在工作或是理財上，千萬要格
外注意，最好採取比較保守的態勢，如果一旦輕忽就很有可能
會有程咬金出現，奪去原本屬於自己的事業或是財富。

3. **蛇**

夢見「蛇」，則是有財運的象徵。相傳蛇是土地公的腰帶，如
果夢見蛇的話，代表有正財運，如果是夢見雙頭蛇，則是代表
偏財運，都是財運亨通的徵兆。如果夢境當中，是把蛇打死了，
這可是大吉夢，表示接下來在各個方面的問題都能迎刃而解，
對於運勢有很正面的幫助。

4. **蝴蝶**

夢見「蝴蝶」，代表將面對人生的轉捩點，而且將有運勢上升的情況。所以無論是在事業面或是財運上，都是個很不錯的徵兆。

5. **蜈蚣**

夢見「蜈蚣」，則代表財運上升。因為蜈蚣有很多隻腳，象徵著無論正財或是偏財都能夠取得的意思。

如果是夢到了這些好的徵兆，接下來在財富管理或是工作賺錢方面都可以對自己更有信心。

 破除犯太歲

犯太歲源自於每個生肖都有其對應的年神，而每個農曆年都會由不同的年神擔任太歲星君，而主值太歲的生肖年神，便是值太歲。而因為主值太歲的關係，該生肖的人當年度容易發生變故、變化，也容易情緒不穩；其餘受到影響的還有沖太歲、害太歲、刑太歲，四個總稱起來便是「犯太歲」。只要是犯太歲的生肖，當年的各個運勢都會受到影響，想當然爾，財運也會受到波及。

而一般的化解方式都是去廟裡點光明燈、安太歲，意思就是祈求天龍保佑，可以趨吉避凶，避免受到運勢低落的影響。安太歲並沒有特別規定的時間，只要是犯太歲的當年任何時候都可以進行，不過建議還是愈早安太歲就能夠愈早祈求平安。

如果沒有時間到廟裡安太歲，或是沒有比較常拜拜的廟宇，其實在家也可以簡單的破除犯太歲。第一個方式，便是在太歲的方位放置龍龜（每年太歲的位置不盡相同，以羊年為例在西南方。太歲方位可以到廟宇詢問，或是參考網路上的資訊。）龍龜是龍頭龜身的法寶，能夠乘載負重、化解煞氣，相傳能夠制衡太歲力量。龍龜下方貼上寫上自己名字的紅紙，便能達到化解太歲的效果。放置的方式，若家中只有一個人需要安太歲，則可以放在臥室的太歲方位，並且讓龍龜的頭朝門口；如果只有一個人住，或是家中有兩位以上的成員需要安太歲，則可以放置在客廳。

第二個能夠在家裡破除太歲的方式，便是準備一個碗，碗內可以點除障草，碗外則一樣貼著寫上自己姓名的紅紙，同樣放置在當年太歲的方位，便能除去障礙。點除障草的時機，除了剛放置的當下，任何覺得不順的時候也都能點燃，改善整體的運勢。

Part.3　偏財運必勝招

從家中到辦公室，從格局到出生密碼，本章節已經有不少能夠增進財源的注意事項，接下來還有幾個妙方、絕招，讓所有上班族除了正財，也能主動招來偏財運、讓財富源源不絕。

提高中獎率的尾牙生肖解析

許多上班族每年最期待的時刻就是尾牙了，除了能領到年終獎金之外，能否靠著手氣抽中公司大獎，也是替自己加薪的大好機會！不過，每次都只能乾瞪眼看著別人抱走大獎，自己只能拿安慰獎，心裡總不是滋味。其實每個生肖都有各自的尾牙攻略，依照撇步來，就有機會能夠提升自己在尾牙當天的財運。

· 屬豬、兔、羊的人，尾牙當天比較好的位置是面向北方或是面向東方，而幸運色則是綠色，可以利用一些綠色系的配件裝扮自己，出席尾牙，有助於尾牙當天的運勢。
· 屬虎、馬、狗的人，比較好的位置則是面向東方或面向南方，當天的服裝顏色上可以選擇紅色、綠色以及紫色。

- **屬蛇、雞、牛的人**，則是建議可以坐在面向西方或南方的位置上，顏色則可以選擇白色、金色、紅色等等比較亮色系的服裝或是物品。

- **屬猴、鼠、龍的人**，則可以坐在面向西方或是北方的位子，衣著以及裝飾品可以選擇金色、白色、黑色等等。

生肖	方位	幸運色
豬、兔、羊	北方、東方	綠
虎、馬、狗	東方、南方	紅、綠、紫
蛇、雞、牛	西方、南方	白、金、紅
猴、鼠、龍	西方、北方	金、白、黑

除了生肖對應的方位以及幸運色之外，農曆12月16日（農曆尾牙）還有幾個小秘法能夠增加當年的中獎機率。如果是有供奉神明的公司，可以在當天自己主動供花或供香。但如果公司並沒有供奉神祇，則是可以多接近老闆，因為老闆是公司的主人，也是尾牙贈獎的東家，多親近老闆也愈能夠沾到抽獎的運氣。餐敘當天，盡可能選擇靠近抽獎台的桌位，或是在抽大獎的時候移動到抽獎台附近，都有助於中獎。多微笑、多讚美同事，抽獎是一件歡喜的事情，因此也要一直懷抱一顆歡喜的心，如果總是臭著一張臉，或是一副愛理不理的態度，中獎的機率自然也就降低了。

事業小人快走開

知道了自己的流年，也把自己的辦公環境佈置成適當的擺設，但工作上卻還是會遇到一些心懷不軌或是阻礙進步的小人。這時候要如何化阻力為助力，或是擺脫小人糾纏，才能讓事業更蒸蒸日上。

而遇到小人有兩個方式，第一項比較簡單，只要將小人的名片，或是小人親筆簽名的紙張用石頭壓住，即可達到打小人的效果。但要記得，名片以及親筆簽名都必須從對方（小人）手中接過才有效果，如果是透過第三者拿來，或是其它方式拾獲，就會失去效用。

第二個方式，則是能夠把小人化為貴人，讓他在不知不覺當中，成為事業運、財運上的助手。準備的物品有：珠寶盒一個（也可以用紅色的錦盒）、五色水晶碎石一包、紅線一條、古銅錢一枚、自己與小人的名片各一張。物品備齊後，首先將兩張名片有名字的一面相對，讓自己的名片在上壓著小人。第二步則是將紅線穿過古銅錢後，用紅線把兩張名片纏繞三圈，接著再打上三個死結。古銅錢最好可以事先在廟當中過香火，如果是關聖帝君的香火效

果尤佳，因為正氣特別顯著；古銅錢的天圓象徵著眼睛，代表「貴
人在眼前」，就能夠盯著小人，讓小人從害己變為利己。第三步
則是將綁好紅線的名片放進珠寶盒內，再撒上五色水晶，象徵圓
圓滿滿地處理與小人的恩怨情仇。最後則是把這個珠寶盒放在辦
公桌的左側，就能夠讓小人在糊裡糊塗當中，幫自己帶財、把客
戶介紹過來，也就能化敵為友、拓展財路。可是要切記，這個方
式一次只能針對一個小人，千萬不能貪心，不然就會適得其反。

將小人的名片用石頭壓住，可以避免小人扯後腿的情況。

招好運秘法大補帖

簡易炊（催）財法

這個方法非常簡單，小資族也能在家中自製。只要將米煮熟，將米炊過象徵諧音「催」，接著用煮熟的米當成黏著劑，將紅包黏貼在家中的財神上即可；如果家中沒有供奉財神，可以在紅包袋寫上「財神」，並且拿到廟宇的香爐過火，接著一樣用煮熟的米黏貼在家中財位，即可達到「催財」效果。

雞蛋開運法

如果目前整體運勢不佳、財運也不好的時候，除了需要催財，也需要全面性的轉運，這時候「雞蛋開運法」就能夠讓人擺脫先前不好的運勢，進而迎來好運。首先要準備三顆雞蛋，顏色選擇要是土黃色的，禁用白色，接著在三顆蛋上分別用紅筆寫上「財源滾滾」、「好運連連」、「功成名就」等等四字的願望，另一面則寫上自己的姓名。雞蛋本身有幾個含意，第一個代表了生命的起源，第二則是因為「民以食為天」，雞蛋也象徵生命中很重要的要件，第三則是蛋的形狀象徵了「圓滿」。

在寫完願望之後，用一個碗盛裝三顆雞蛋，接著在碗中加米。在佛教以及道教中，米有驅邪、改運的效用。擺放位置則可放置在門前或財位，同時在放置時，左手拿碗，右手比劍指，將自己的心願再唸過一遍。最後一點，則是擺放七天之後，就要將雞蛋丟掉，代表將過去的阻礙移除、迎來新的好運氣。而這個開運法，除了可以用在求財運、求事業之外，各方面的運勢都可以用這個方式祈求。

旺財庫的私藏秘法

明明沒有特別消費，月底收到帳單時卻還是大吃一驚，或是明明有在克制花費卻總有突如其來的開銷，讓辛苦賺來的錢像流水般留都留不住。這時候，除了本章節前面有提到檢查漏財的指南，接下來的秘方就是針對如何讓財庫更旺，幫助大家能順利儲蓄。

首先準備紅包袋，在裡面放置 168 元硬幣（50 元硬幣兩枚、10 元硬幣六枚、5 元硬幣一枚、1 元硬幣三枚）。接著在紅包袋上打三個勾，並寫上「炊財入庫」。然後拿到土地公廟或是財神廟過火，最後壓在瓦斯爐下方即可。瓦斯爐，也就是古代的灶，代表家中的財庫，主掌儲蓄。這個方式，就是希望每每在煮東西（炊事）的時候，能夠為財庫帶來更多的財富。

求職開運法

在招來好運、旺財庫之後，還有一個能夠幫助上班族在求職時開運的妙法。當求職不順或是覺得工作遇到瓶頸，想轉換跑道時，首先可以拿一本農民曆，查詢當中的天干地支，找到「甲日」、「戊日」、「庚日」，而其中又寫宜「祈福」。這三個天干日，代表的是「天上三祈」，指的是天上神明賜福，選擇這幾天祈福，願望也會比較容易成真；而選好日子也有「天時地利人和」之意。

下一步，就是在選定日子當天的下午五點之前，到居家附近的土地公廟或是文武廟祭拜。廟宇的選擇上，如果想要求取事業，可以拜關聖帝君；若工作內容也跟文書有關，也可以祭祀文殊菩薩或是文昌帝君；而土地公由於本來就是執掌在地的大小事，因此也可以選擇祭拜福德正神。

供品則必須有香蕉、李子、水梨、鳳梨，代表「招哩來旺」，最後再加上紅龜粿，由於紅龜粿的形狀圓滿，也是非常吉祥的象徵。同時也要準備壽金、刈金、福金、補財庫金在廟裡燒化。最後則是準備一張五百元鈔票，跟著供品一起祭拜；由於五百元背後的圖樣是鹿，有「五路進財」的含意。如果沒有五百元鈔票，可以

用五張百元鈔，也會有「五方有財」的象徵。祭拜完之後，將紙鈔放進錢包當中，不但能當作錢母招進更多財富，同時由於是祭拜過的紙鈔，也會有神明守護的效果。

Part.4　招財法寶大公開

在財位以及整體運勢的經營上，除了本章節前面提到不少的開運物或是擺飾，能夠幫助提升氣場，其實還有很多具有法力的法寶，是能夠幫助上班族針對財運更上一層樓！

一、彌勒佛

彌勒佛是笑口常開、非常有福氣的神明，也相當有招財納福的象徵。不過彌勒佛有分兩種，一種是坐臥的，另一種是揹著布袋。坐臥的彌勒佛是鎮煞用，擺放時應該朝向大門口擺放，意謂著破除從外而來的厄運；如果是揹著布袋的彌勒佛則是求財用，擺放時應該順著門口的方向，把從外而來的財富帶進家中。

彌勒佛朝大門擺放，能夠破除從外而來的厄運。

二、貔貅

貔貅源自於古代富貴人家或官府前面會放置的石獅子，意謂著鎮煞、避邪，同時也象徵著富貴之意。擺放時，最好是成雙成對，如同石獅子一般。貔貅有分公母，公的左腳向前跨，母的右腳在前，公貔貅要放左邊、母的放右邊。同時，一定要面向門口，代表著把外面的錢咬回來，如果擺反了，就失去了原先的功效。而一個家裡面，建議最多只擺放兩對貔貅，一對放在客廳財位或門口，另一對則可以擺放在象徵事業的書房。最好不要在臥室擺放貔貅，因為會有咬自己錢的暗示，反而不容易守財。

加持貔貅則有三種方式，第一是在廟的香爐中過火，由於廟宇就是眾神棲息之處，過火也讓貔貅能夠有其招財的法力；第二是請法王、名師、高僧開光，賦予其能量；第三項也是最簡單的一項，其實讓貔貅壓錢也有招財的功效。

將貔貅擺在客廳的財位，
可以招來財運。

三、水晶洞

水晶是富含能量的礦石，單顆水晶就有改善氣場的效果，而水晶洞更是能量的結合體，是趨吉避凶的寶物，再加上水晶洞是洞穴的形狀，也有能夠聚齊福氣、財氣的效果。水晶洞的背面由於是整塊的石頭，其實就有「石敢當」的鎮煞效果，所以比方說如果有一些壓樑或是外來的煞氣，都可以用水晶洞來化解。由於水晶洞不是神明，因此擺放的地點比較彈性，想要加持事業或財運，可以放在客廳財位，想要改善個人運勢，則可以放在臥室。

而水晶洞有各種不同的形狀，這些形狀不只是美觀與否而已，不同形狀其實代表了五行。在選擇水晶洞的時候，最好能夠根據自己的生肖，才更能有相輔相成的效果。長型的水晶洞屬「木」，對於屬虎以及屬兔的人有加分效果，更能夠聚財、守財。三角形的水晶洞屬「火」，對於生肖是蛇以及馬的人能夠發揮「火火相生」的加持效力，讓人在事業上更有熱情，進而在財運上也有所改善。偏寬扁、高度較矮的水晶洞則是屬「土」，適合生肖屬龍、羊、狗、牛的人，能夠增強正向的能量。圓形或類似碗狀的水晶洞則是屬「金」，適合生肖屬猴、雞的人，可以強化金象的財運。不規則形狀的水晶洞則是屬「水」，適合生肖屬豬與鼠的人，能夠有水旺財的效力。

五行	外形	適合生肖
木	長形	虎、兔
火	三角形	蛇、馬
土	短扁形	龍、羊、狗、牛
金	圓形	猴、雞
水	不規則形	豬、鼠

除了生肖之外，挑選水晶洞時也有兩個訣竅，第一個在挑選時是否覺得特別有緣、順眼，第二手放在晶洞洞口是否可以感覺到氣場的流動。由於每個水晶洞的能量不一，因此並沒有絕對的高低或是優劣，只有適不適合。

想要提升財運，也可以把水晶洞轉化為一個小的財神廟，第一個方式是準備 168 元硬幣（50 元硬幣兩枚、10 元硬幣六枚、5 元硬幣一枚、1 元硬幣三枚）拿到廟宇中過火三圈，若是財神廟的香火效果更好，接著就將這些錢幣放入水晶洞當中。第二個方式，則是拿財神天珠，一樣在廟中香爐過火三圈，拿紅包袋或是紅色錦囊包起來，當中再帶回一些香灰，最後一樣放入水晶洞之中，就能夠把氣場強大的水晶洞轉化為更能夠招財、守財的財神廟了。

四、聚寶蛋

聚寶蛋的原理，是透過五行相生的運轉原理所轉化出來的寶物，能夠強化磁場，提升福氣、財氣以及運勢。聚寶蛋裡面大多都是富含能量的五色水晶。現在除了可以購買現成的之外，也可以自己動手做，不過五行的顏色一定要排列正確，才能夠有五行相生的效果，否則會導致五行相剋或是氣場不順的下場。不管是購買現成的或是自己製作時，注意由下而上的順序是否依序為綠、紅、黃、白、黑。

五、流水盆

中國古代的庭院建築，「流水」是個很重要的元素，流動的水代表著空間的氣場是有在移動，同時源源不絕的活水，也代表著生生不息的能量。除此之外，「山管人丁水管財」，自古也覺得水能夠生財、帶財。而流水盆的設計千百種，傳統的水晶流水盆、或是有石獅吐水的流水盆、抑或是偏日式風格的流水設計，其實都具有招財的效果。當然水晶滾球的流水盆除了流水之外，也有水晶的能量；石獅吐水的則是有神獸鎮煞納吉的額外效果。不過就五行的角度來說，流水盆的材質以陶瓷為佳，因為土形的陶瓷會生金，金又生水（財），以五行相生的循環來看有加乘的效果。

而使用流水盆最重要的莫過於要讓流水盆持續轉動，如果水停了，就代表財運停止轉動。而擺放的要點，除了可以擺在財位之外，如果格局上有雙財位（大門開在客廳中間，左右兩側斜四十五度角都各有角落；或是另外以隔間營造財位），則流水盆可以放在左側（龍邊）的財位，由於龍喜水，能夠讓財運更加亨通。另外擺放時，水流方向要避開有氣口的地方（比方門窗），要讓水流向家中內側，才會有讓外在的財富流入家中的效果。

如果想要增強流水盆的招財效果，可以在盆中鋪上五色水晶，擺放時也是如同聚寶蛋的順序（綠、紅、黃、白、黑），便可以達到五行相生的效果；另外，也可以再準備168元硬幣置於盆中，便能夠以財引財。

六、鹽燈

鹽燈是由岩鹽所組成，就物理上來說，鹽燈可以吸收水分、降低濕氣，對於一些呼吸道疾病以及過敏有正向的幫助。從文化的觀點來看，古代鹽的取得相當不易，鹽的開採以及販賣都是由官府所掌控，以前若是盜賣私鹽，幾乎等同是盜竊官銀一般的重罪。因此也讓鹽成為珍貴物品的象徵，同時也能夠代表錢財。鹽燈可

以放置在財位，或是也能夠放在臥房中改善整體氣場。不過與流水盆類似的地方是，鹽燈最好能保持光亮，就如同點亮財運一般，若沒有開燈，反而會讓運勢黯淡無光，而且甚至會溶出水來，對於財運而言都不是好的現象。

鹽燈要一直保持光亮，
象徵財運持續提升。

chapter 4
必勝的桃花運

當我們擁有了好運勢與好財運之後，如果沒有良好的人際關係與桃花運，就會不時地感受到心靈上的空洞與不滿足。特別是長時間埋首工作、努力經營生活的上班族們，更是需要人際的陪伴與互動，才不會因為孤獨而漸漸失去生活的衝勁。

人人都想要擁有好的桃花運，但是要小心，遇到一個爛桃花可是會讓你花費更多的心力去處理它，而導致生活品質下降，得不償失。而房屋裡不經意的擺設，也有可能正影響著你的桃花運勢，導致感情不順，無法脫離單身，甚至婚姻與夫妻經營都會出現問題。因此，本章節要來撫平大家感情路上的不順遂，教你如何贏來好桃花，避開爛桃花！

Part.1　單身風水解密

單身太久的男男女女們都想要有些桃花的滋潤，好桃花總是讓人開心地飛上天，即使最後沒有修成正果，也是一段人生的美好記憶，值得細細品味。最可怕的就是連桃花的邊都摸不著，生活中少了最能觸動人心的激情。而且，身邊的朋友都已經生兩個，每次回家爸媽總是在催婚，搞得很多上班男女不禁想怒吼：「我的春天究竟在哪裡？」難道就要這樣接受春天不來的命運嗎？本章節要告訴單身多時的你們，或許是你的居家風水出了問題，阻斷了你的情路，讓感情路不順遂。

感情絕緣體的孤獨風水

一、出門碰壁，桃花不開

如果你的住家大門正對著牆壁或大樓，或是有高山阻擋，就會形成出門碰壁的風水。一般來說桃花運需要開闊、光明、生氣勃勃的生心理環境，桃花才會開。如果不幸地你家一出門就碰壁，建議可以加強採光與照明，擺點鬱鬱蔥蔥、綠意盎然的盆栽，讓大門充滿蓬勃生機，來化解這個風水格局，促進桃花。

住家大門正對牆壁，前景
不明，很難招來桃花運，
建議擺放一些盆栽化解。

二、玄關雜亂，影響人際

一進門的玄關代表的是你的貴人運，除了會影響貴人際遇與人際
關係外，也會影響你的桃花運喔！玄關通常不適宜擺放太雜亂的
東西，愈雜亂運勢愈差，貴人會離得愈來愈遠，感情運也受到影
響。許多女性喜歡在玄關擺放娃娃類裝飾品，一般來說三個以上
就算多，擺放愈多愈容易對娃娃等物品產生寄情作用，久而久之
會導致桃花需求變少，讓妳漸漸看不見異性對妳的好。

在玄關擺放太多的娃娃，
不容易感受到異性的青
睞，感情運難以展開。

三、客廳龍虎邊撞壁，異性緣差

站在客廳裡面望向大門看，所謂龍左虎右，左邊是龍邊，右邊就是虎邊。通常龍邊代表男主人的運勢，虎邊代表女主人的運勢，如果女性單身者的龍邊碰壁，就表示你家沒有男主人的運勢，或者說男主人根本進不來，當然就沒有男人緣囉。反之亦然，如果男性單身者的虎邊碰壁，那你會發現自己可能已經好幾年沒有談戀愛，或是身邊的女性都只把你當朋友，這都是因為牆壁斷了女主人的空間。所以，如果想要化解這樣的風水，記得在大門掛上山水畫，或是在撞壁的牆壁掛上鏡子，都可以破除撞壁的格局。

客廳龍邊撞壁，女性單身者不容易有桃花，可以在牆壁掛上山水畫化解。

四、廁所無窗，桃花不聚

廁所在風水學中正是掌管桃花，所謂沐浴桃花，一個人有沒有桃花運看廁所便可知！而廁所的風水大忌就是沒有窗戶，這樣的廁所通常採光不足，濕氣太重，空氣也不太流通，不只是桃花運，連人氣也無法聚集起來，所以也會影響你的交友圈，讓人際關係變差。要破解此風水不難，只要在廁所內貼上假窗貼，或是擺上幾盆黃金葛，並加強照明，就可以讓你的桃花運漸漸聚集。

廁所如果沒有窗戶，人氣難以聚集，人際關係受到影響，桃花運也受到牽連，可以擺放黃金葛盆栽化解。

五、臥房桃花，看床就知

臥房中跟桃花最有關係的家具就是床了！床是滋養感情的最佳場所，如果床頭沒靠在牆壁或櫃子上，代表你的感情容易無依靠，可能認識很多人卻沒有可以繼續走下去的對象。另外，也要注意床不能正對鏡子和門，如果出現鏡照床或門沖床的風水，就會影響你的感情運，容易與適合的對象錯過，記得要把床或鏡子移位來化解。

房間的牆壁最好以白色或暖色系為主，否則容易阻斷桃花的來臨。

最後要注意的就是整體臥房的顏色，許多租屋族想要變化房間氣氛，又沒有太多預算，喜歡自己將牆壁漆成五顏六色，在風水學上這樣的做法其實很危險，如果顏色與你的命格剛好不搭就會造

成反效果。所以，最保險的做法是盡量讓房間維持暖色系，不要太強調某一種色彩，最重要的是保持房間的通風與採光，細心地照顧你的桃花吧！

六、廚房無門，不利結婚

現代人喜歡在室內裝潢上設計開放式廚房，讓廚房、飯廳與客廳無間隔。以風水學的角度來看，沒有門的廚房犯了「灶無門」的風水禁忌。所謂灶無門就是灶堂不分，中國傳統習俗中，灶代表廚房，屬於女主人；堂代表客廳，屬於男主人。而灶堂不分就是男女不分，代表這個家沒有區分男主人跟女主人，也就是不利於結婚。如果想要脫離單身，有結婚的打算，就要將灶堂分開，可以在廚房前加上屏風或門簾阻擋起來即可化解。

另外，也要注意廚房內的器具擺放位置，如果爐灶正對著冰箱或水槽，就會形成「水火相沖」的風水。水火沖又稱「無情沖」，兩者天性不合，感情桃花當然也就難以發展。這樣的風水容易澆熄正在萌芽的曖昧情愫，或是讓感情因爭吵而變淡，如果想要讓現在正在經營的感情順順利利踏入婚姻的人，千萬要避免這樣的廚房擺設。

七、明房暗廳，孤老一生

「明廳暗房」是風水學中非常基本的觀念。明廳在前，意思是要讓你的客廳既寬敞又明亮，一入門即見好運勢；暗房在後，意思則是要讓房間在客廳之後，給居住者一個安心休息，養精蓄銳之地。如果你的住家格局剛好相反過來，房間在前，客廳在後，就會形成「明房暗廳」的風水。擁有這樣風水的人，通常個性會比較自我，聽不進別人的意見，本位主義嚴重，主觀意識強烈，感情運也就不好。久而久之就會影響身邊的人際關係，甚至可能會出現「我一個人過生活也很好」的想法，不想與人打交道，更不用說遇到一個對的人並投入感情婚姻當中。如果你的房子屬於這樣的風水與情況，建議要多敞開心胸與他人溝通，或是搬家給自己一個重新開始的機會。

八、讓感情糾葛不清的蛇煞

台灣地狹人稠，建築密度高，容易造成窗外有雜物，景觀不優美的情況。如果你的房子打開窗戶正好看見冷氣管、排水管、排煙管等蜿蜒長形的東西，就會形成所謂的「外蛇煞」。有時候，家中也會被不規則長條形狀的物品所圍繞，比如說雜亂無章的電線，而這就是風水學中所謂的「內蛇煞」。

不論是內蛇煞或外蛇煞都屬於不好的風水，除了讓居住者運勢不佳外，更要小心會影響感情運。蛇煞愈蜿蜒，你的感情狀態就愈陷糾葛，例如跟不喜歡的人糾纏不清，無法脫身；或是跟曖昧的對象若有似無，無法修成正果。想要化解這樣的情況，可以在有蛇煞的地方擺放山海鎮或是乾坤太極圖，讓玄天上帝治神獸，破除蛇煞。

室內可以看到蜿蜒的水管電線，稱為內蛇煞，容易使居住者的感情產生糾葛，建議擺放山海鎮或乾坤太極圖化煞。

從生辰看流年桃花

人生難免高低起伏，才會顯得精彩，一個人一生的運勢一定有好有壞。聰明的人會主動去瞭解自己的流年運勢，並在運勢較低的那一年做好準備來應變。現在，我們要教大家透過出生的生辰來看自己的桃花流年運勢，究竟每一個人在哪一個生肖年會有孤獨命運、桃花凋零的情況呢？

· 子時出生（23-1 時），在「豬」年時除了情感空窗外，也特別容易破財，建議這一年的生活方針可以保守一點，小心處理人際關係，保守理財，才不會過完一個豬年就人財兩失。

· 丑時出生（1-3 時），在「狗」年時會是個「多疑多慮」的一年，容易覺得事事不順心。在感情上也會因為想太多而停滯不前，建議要多做做心理建設，凡事想通就好，不要鑽牛角尖，才不會加深孤獨感。

· 寅時出生（3-5 時），在「雞」年則是大空窗的一年，就算有桃花機會也會有麵包與愛情無法兼顧。在這一年如果你遇到生肖屬雞的人運勢會更不佳，可能容易延續空窗桃花運，要盡量避免。

- 卯時出生（5-7時），在「猴」年時容易因情人不在而感到孤單。但是，通常情人（非卯時出生）在外地的財運會很好，容易有大筆收入。因此，我們建議在此年身為情人的你要多轉念，不要因為孤單而讓另一半喪失賺錢的機會，可以藉由跟對方要些小禮物來排解孤獨感。

- 辰時出生（7-9時），在「羊」年時會因為孤單而花錢如流水。既然錢財守不住，那我們就要換個角度將錢財「花在刀口上」，比如說購買可以提升桃花運的法寶，多參加朋友聚會認識新的人，為隔年的桃花運做好準備。

- 巳時出生（9-11時），在「馬」年時特別容易轉眼成空。明明覺得桃花正要開始，但下一秒曖昧對象可能就失聯了。在這樣的一年，我們建議不要談戀愛為佳，因為如果在此年遇到不錯的對象，也可能會因為意外而無法走得長遠，還會增加許多支出而破財。

- 午時出生（11-13時），在「蛇」年時，心想事不成的機率很高，所以常常會有期待落空的孤獨感。這一年的你不只情感落空，

連財運也會跟著落空，容易遇到沒有錢或是騙錢的情人。如果想要避免這樣的情況又想談戀愛的話，最好先以遠距離戀愛的方式進行，以度過此年難關。

· 未時出生（13-15 時），在「龍」年時不但會破大財，還會陷入情感的低潮。這一年的你特別容易胡思亂想，把自己推入感情谷底，甚至會增加很多非必要的支出。所以，為了走出低潮，建議你要多看看書，多與朋友聊天，趕走負面情緒，克制花錢消災的欲望。

· 申時出生（15-17 時），在「兔」年時絕對是破財又孤單。這一年你要特別小心遇到生肖屬兔的人，可能會讓你感情空轉或受騙，或是多了一些意外的破財。建議此年你在人際關係上要更謹慎小心，對於不熟的人所說的話不要全盤接受為佳。

· 酉時出生（17-19 時），「虎」年就是你命中注定的孤獨年了。如果覺得這一年的孤獨感讓你特別寂寞難耐，難以忍受的話，建議可以用破財、布施的方式來化解。比如說，多花點錢來犒賞自己，提高房貸、車貸的繳款金額，多做善事幫助別人，都能提升內心的充實感與踏實感。

- 戌時出生（19-21時），在「牛」年時，容易會有眾叛親離的孤獨感。這是因為這一年你的情緒比較不穩定，特別容易胡思亂想讓自己陷入困境，孤獨感會特別深刻，覺得朋友、家人、情人都離自己遠去。因此，建議要調整心態，將此年視為一個「修行」的年度，沉澱心靈為佳。

- 亥時出生（21-23時），在「鼠」年時，容易遇上大孤獨。大孤獨通常難以避免，我們能做的就是面對它，找到方式讓此孤獨運不會在隔年繼續。因此，有情人的人建議這一年要與愛人聚少離多，減少見面的機會，享受孤獨的滋味，才不會因為一些意外而分手。

Part.2 桃花朵朵開的必殺技

桃花有好壞之分，好的桃花會讓人沉浸在愛情的滋潤裡，身心靈愉悅，同時還能提升工作運和整體的運勢；爛的桃花則相反，會讓人身心俱疲，心情大受影響，負面能量超標，私生活大亂。人人都想要招來好桃花，杜絕爛桃花，那麼，該如何做才能在茫茫人海中找到命中注定的唯一桃花呢？

如果小資男女們正為了身邊剪不斷理還亂的爛桃花所苦，本章節為大家整理了居家風水中容易引來爛桃花的格局，同時也會教大家幾招在家就能做的簡易招桃花秘法，希望所有的小資們在新的一年都能桃花朵朵開！

爛桃花風水

你的戀情總是談不久嗎？為什麼老是遇到花心的女人，只想玩玩的男人，或是一腳踩多船的對象？這些就是我們俗稱的爛桃花，它會讓你費盡心思投入一段感情之中，最後卻無法修成正果，無疾而終，傷神又破財。在風水學中，其實有許多居家擺設容易引

來爛桃花,現在就讓我們來看看有哪些:

1. 床尾對窗,代表私處外露,容易招惹爛桃花。

2. 結婚照放在床頭虎邊,男主人容易爛桃花纏身。

3. 房內有很大一面鏡子,不但容易照到床形成鏡照床,也代表感情紛爭多,易有爛桃花。

4. 房內有裸體的畫像,單身者會有爛桃花,已婚者會有外遇問題。

5. 房內窗戶看出去有探頭煞,會讓小人和爛桃花纏身。

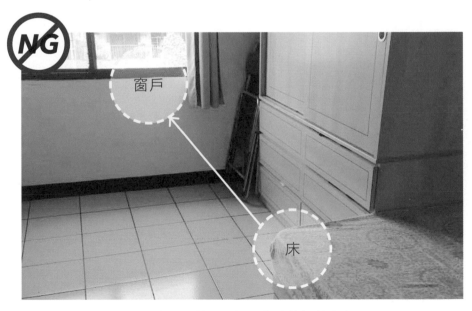

床尾對著窗戶,容易引來爛桃花,最好更換床的擺放方向。

斬桃花祕法

如果真的不幸遇到爛桃花纏身，趕也趕不走，那麼，我們也可以在家簡單布局一個「斬桃花法寶」，讓你輕輕鬆鬆斬斷爛桃花情緣。

1. 準備一個手掌大的黑曜石或長 20 公分以上的葫蘆擺飾，記得葫蘆要有開口才會有效喔。

2. 準備一支紅筆或硃砂筆，在葫蘆寫上「唯吾知足」及「佑我平安」八個字，意思就是斬斷你對情字的需求，達到情感上的知足與滿足。

3. 將葫蘆拿到月老廟過火，並誠心誠意地祈福。

4. 將葫蘆放在你的房間本命桃花位即可。(桃花位請參閱 P.91)

招桃花秘技大公開

想要在新的一年招來正桃花，發展新的戀情，學習招桃花秘技可是不能缺少的。本章節最後要教大家幾招簡易的招桃花法，渴望感情順利的小資男女們不妨可以試試看喔！

超強開桃花運法寶—鴛鴦

鴛鴦，代表的是和合。成雙成對的鴛鴦很適合放在房間內的梳妝台上，前方可以再擺個粉晶，即有和合之象，象徵的是永結同心、情感順遂。鴛鴦的材質和顏色不限，但一定要是成對的，且粉晶在前、鴛鴦在後，這樣才有效喔！

粉晶七星陣 V.S. 紫晶七星陣

將水晶買回家後，必須先進行啟動儀式，才能讓水晶的功效發揮到最大，步驟如下：

1. 將每顆水晶依序握在手中進行消磁，並讓水晶吸收你的能量。

2. 將水晶以順時鐘的順序放入七星陣內，先放外圍的六個尖角，最後再放中間的那一顆水晶。

3. 集中注意力，慢慢巡視七星陣內的水晶，並在心裡默念想祈求之事。做了三輪之後，就可以成功啟動水晶七星陣。

粉晶七星陣	粉晶又稱為愛情石，一般就是用來開桃花的水晶，適合單身者。	將粉晶七星陣擺放在房間內的梳妝台上，有助於開通單身者的桃花運，讓桃花朵朵開。
紫晶七星陣	紫晶除了有招桃花之意，還能開智慧，適合有男女朋友的人和已婚者。	將紫晶七星陣擺放在房間內的梳妝台上，則可以幫助有男女朋友的人和已婚者的感情運，讓感情更穩定。

鮮花招桃法

說到招桃花就會讓人想到朵朵鮮花，其實我們也可以用鮮花來開啟桃花運。

1. 準備一個乾淨的空花瓶，款式不拘。

2. 準備一張紅紙，寫上你的名字，並貼在花瓶上。

3. 在花瓶裡插上大紅的玫瑰花，記得要把刺拔掉，至少需要九朵。

4. 將花瓶擺放在今年的桃花位上 (請參閱 P.91)，要擺七七四十九天才有效喔！（如果期間內玫瑰花凋謝，要隨時插上新的玫瑰花，維持九朵的數量）

＊如果是想要改善與另一半的關係，可將玫瑰花換成百合花。

陽氣招桃法

開桃花講究陽氣,在一個陽氣足夠的氣場為佳。所以說,氣場屬陰性的女生如果想要招桃花,就必須提升房間內的陽氣,才能順利招桃花。那麼,該如何提升陽氣呢?我們可以透過一些陽性的佈置來達到目的。

1. 在床邊擺放紅地毯,象徵喜氣洋洋。
2. 使用亮色系的床單、窗簾等布製品,提升陽氣。女性則可以多擦亮色系唇膏,也有助於增加桃花運。
3. 擺放插上百合花或玫瑰花的花瓶在床頭,吸引桃花前來。
4. 掛上向日葵或牡丹花的畫作,增加向陽性。
5. 房間內放鹽燈,提升明亮度。

在臥房擺放鹽燈,也有招桃花的效果喔!

紅色招桃法

在祈求桃花運中，紅色、水晶、相思豆都是能幫助愛情的小物，現在就教大家一招「紅色招桃法」，利用這些紅色小物，將桃花運掌握在自己手中。

1. 準備一個容器，款式不拘。

2. 準備一張紅紙，剪成愛心的形狀，蓋上你的名字的印章。記得男左女右，位置要蓋對喔。

3. 準備四十八顆或一百零八顆，代表「愛情來了」的相思豆。

   ※ 四十八代表迎福納喜，一百零八象徵圓滿，都是吉祥的數字。

4. 準備一條五色繩，剪成四十八公分或一百零八公分，中間打一個結。

   ※ 可以請高僧大德為你修法打一個金剛結，效果最好；或是請朋友中最近剛結婚的新人為你打一個結也可以。

   ※ 可以再多準備一條五色繩帶在身上，招桃效果更好。

5. 準備一袋碎石，可以選擇紅色的水晶或粉色的粉晶。

6. 將步驟 2~5 的物品依序擺入容器中，先放紅紙，再放相思豆與五色繩，最後將碎石倒入填滿。

7. 放在床頭，招桃花大功告成！

招桃花法寶，匯集正姻緣

Part.3　維持婚姻的幸福風水

我們常在婚禮上祝賀新人「百年好合」、「早生貴子」，無非就是希望有情人不但能終成眷屬，還能走得長長久久。經營婚姻是門大學問，當一個人陷入婚姻不美滿的情況，我們除了從個性、脾氣、八字姻緣來探究之外，也可以觀察環境與居家風水，從中解密夫妻失和的原因。

為什麼我的老公總是不回家？為什麼夫妻之間的爭吵不斷？我的老婆是不是有外遇？要怎麼做才能維持一個幸福婚姻呢？本章節將告訴大家住家中有哪些可能會造成夫妻失和與婚變的風水禁忌，以及人妻必學的超強馭夫術，挽救你岌岌可危的婚姻關係！

夫妻失和風水禁忌

一、就是愛對方，家中都是婚紗照

剛新婚的小夫妻愛意正濃，總是喜歡將婚紗照擺在住家中，一方面讓自己隨時都能感受到新婚的愉悅，一方面還能跟訪客炫耀。

但是，你的婚紗照真的擺對位置了嗎？其實，婚紗照的最佳擺放場所是客廳，客廳有宣示主權之意，可以讓夫妻的感情更堅定，彼此更有責任感，建議結婚多年的夫妻也可以重新擺上讓感情加溫。

至於房間內因為風水禁忌較多，一般對風水不夠瞭解的小資男女則不建議放房間，以免造成反效果。而最糟糕的位置就屬廚房了，所謂灶燒婚姻，會讓夫妻間的火氣愈來愈旺盛，爭吵不休。另外，有些新人喜歡擺很多張結婚照，甚至散佈在住家各處，這也是不好的風水擺設，會讓夫妻之間的關係倍感壓力。

婚紗照不建議擺臥房，最佳擺放空間是客廳，可以讓夫妻感情加溫。

二、房中房或是灶包房，吸引小三

通常會讓婚姻關係破滅到難以挽救的就屬出軌外遇了！而居家格局中正隱藏著吸引第三者來攪局的風水，千萬不能不注意。妻子想要知道自己的婚姻是否潛藏這樣的危機，首先可以看看你的廚房。我們都知道家中的廚房代表的是女主人，會影響其運勢。如果在格局設計上，必須經過廚房才能抵達另一間房間或儲藏室，就會形成「灶包房」的風水，代表你家容易有第二個女主人。

從廚房可以進入另一間房間，形成「灶包房」的格局，代表夫妻之間容易出現小三。

現在的裝潢設計喜歡在主臥室裡再隔出一或兩間小房，使臥室出現「房中房」的風水，如果空間夠寬敞還會擺上兩張床，特別小心這些都是招來第三者的風水，容易讓你的另一半出軌外遇。另外，如果房間內有任何跟「雞、鳥、鳳」相關的擺飾或畫，也會助長小三的氣焰。化解的方式除了改變格局之外，也可以在多出

來的房間內放上葫蘆，外遇問題愈嚴重葫蘆要愈大個，且葫蘆要有開口才能發揮收妖的功效。

房間裡擺兩張床，也是容易招來小三的風水，建議擺放葫蘆化解。

 葫蘆小知識

葫蘆有分兩種，一種有蓋，一種沒蓋，最好使用有蓋的（有塞子的）葫蘆，如果家裡有房中房的問題，可以到廟裡拿香灰，然後放進葫蘆裡蓋住，過廟裡的香火後，再拿回家放在床頭邊擺放。

三、蝴蝶門、陰陽門、大小門，夫妻貌合神離

門的風水不對，就代表夫妻關係容易出問題，其中一方總是想向外發展，缺少對家的向心力。在風水學上，常見不利於婚姻關係的門有以下三種：

蝴蝶門：指的是兩扇房門同邊且對稱，打開門剛好就形成蝴蝶兩雙翅膀振翅的姿態。蝴蝶門又稱紛飛門，會導致夫妻不同心，久

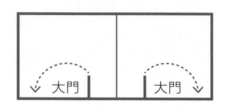

而久之，兩顆心會離得愈來愈遠，容易引起婚變。化解的方式只要在其中一扇門加上過膝門簾即可。

陰陽門：指的是一間房間有兩個門可以進出。雖然許多人會用衣櫃將其中一扇門擋起來，但只要門的門框未拆除，在風水學上就屬於陰陽門。此門會讓你的另一半思

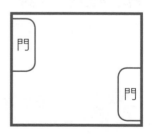

緒飄盪，無法專注於夫妻經營上，甚至容易鬼迷心竅而出軌。建議盡快將門框拆除以破除陰陽門風水。

大小門：有些住家的大門會有一大一小雙扇門的設計。雙扇大小門會讓男主人總是外出不在家，夫妻感情變淡。其實以大門來說，單扇的設計是最好的，夫妻才會同

進同出又同心。如果無法改變大小門的設計，我們可以在小門下壓五帝錢來化解。擺放的方式也需要注意，方向必須由內往外，由左手邊往右手邊，依照「順治、康熙、雍正、乾隆、嘉慶」五帝的順序放置。

大小門的設計，會讓男主人總是往外跑，夫妻感情變淡，建議在小門下壓五帝錢化解。

四、沙發與床無靠，感情無依

我們常說感情需要依靠感，夫妻關係才會緊密。因此，如果你家中的沙發與床頭皆無靠，就要小心你們夫妻的情感關係會太過自主獨立，缺少對彼此的需求，甚至向外尋找依靠可就糟糕了。另外，沙發背上有窗會讓男主人坐不住，想在外面趴趴走；臥房的床除了會影響單身桃花之外，也會影響夫妻感情，諸如鏡照床、門沖床等禁忌風水皆不利於感情運，都會讓夫妻感情降溫。

沙發沒有靠牆，夫妻感情淡薄，容易漸行漸遠。

五、樑壓床或灶，壓力纏上婚姻

床是夫妻培養感情之地，灶則是女主人運勢之場。這兩個地方如果剛好都有橫樑壓著的風水，就對導致壓力纏上你的婚姻感情。除了橫樑壓迫，像是水晶吊燈等垂吊型的裝飾品，也會壓迫夫妻間的關係，造成壓力感，心情總是鬱鬱寡歡，婚姻又怎麼會幸福呢？

樑壓床的格局，容易造成夫妻關係緊張。

六、開房見神桌，夫妻關係緊張

古代有句話流傳：「神前廟後不住人。」意思就是提醒我們後人要對神明敬重。因此，神桌後方通常不宜有房間，尤其是夫妻居住的主臥房會更不恰當。這是因為夫妻行房之事會打擾到神明，對祖先不敬，久而久之，這樣的風水就會造成夫妻心理上的壓力，關係趨於緊張，性生活不美滿。因此，如果不得已一定得住在神桌後方，建議要在神桌後貼一張與神桌一樣大的紅紙化解。另外，也要多多注意祖先牌位是否有磨損，將神桌的狀態維持好也會有助於祖先們保庇你的婚姻喔！

神桌後面是臥房的風水，
行房之事會對神明不敬，
造成夫妻不睦，建議在
神桌後貼一張紅紙化解。

七、鏡子太多，疑神疑鬼

許多夫妻關係開始走下坡，都是因為彼此產生猜忌、不信任。在感情上，我們都希望對另一半保有一定的信賴度，也期望對方能相信自己。如果夫妻間開始猜忌懷疑，就要看看是不是因為房間內有太多鏡子了。鏡子容易讓人心神不寧、想東想西，久了就會疑神疑鬼，對伴侶產生不信任感。建議房間內鏡子數量一至兩面為限，過多就拿掉吧！

八、客廳臥房顏色，影響男主人的心

許多女生在單身時期，喜歡將房間漆成自己喜歡的顏色，例如粉色系，如果將這個習慣帶進家庭生活，會對婚姻產生不好的影響。試想，男主人在外工作一整天，晚上卻只能回到一個都是粉紅色的屋子裡，時間一久，就會因為沒有歸屬感和放鬆感，而選擇在外流連不回家。而且粉色系的牆壁還會增加男主人的桃花運，容易有出軌外遇問題。所以，客廳和臥房的顏色很重要，千萬不要依照個人喜好隨便漆上粉色系，盡量維持白色與乾淨，才能讓丈夫避免外來誘惑，忠心守護家庭。

客廳漆成粉紅色，當心留不住男人，容易有出軌的情況。

九、雜物亂又多，夫妻狀況亮紅燈

住家環境保持乾淨與整齊，整體家的運勢才會好。有時候小資夫妻們會因為忙於工作而疏於整理居家，特別是現代的小資夫妻通常住家坪數不大，更容易造成雜物隨手堆的情況。這時候就要小心，雜物堆錯地方可是會大大影響夫妻的感情喔！首先，臥室是夫妻感情經營之地，如果床邊堆滿雜物，女主人容易發牢騷，引起夫妻間的爭吵；如果是在房間內的桃花位堆滿雜物，就要注意伴侶可能會拈花惹草，影響夫妻感情。最後要注意的是廁所，廁所主沐浴桃花，如果擺放太多雜物，不但會讓夫妻感情失和，還會影響健康，每下愈況。

人妻必學超強馭夫風水

現代許多小資夫妻皆為雙薪家庭，一旦忙於工作就容易給對方空間去拈花惹草。如果遇上定性不夠的男主人，小資人妻們也可以適時在家中布局馭夫術，讓丈夫能及時回頭，創造美滿的婚姻生活。

一、斬斷老公的婚外情，讓他歸心似箭

聰明的人妻要懂得隨時注意老公的心向，當老公開始愈來愈晚回家，喜歡在外流連趴趴走，就表示他的心已經開始往外走，不論是否有第三者出現，這都是不好的現象。如果出現以上現象，人妻們不能鬆懈或慢慢觀察，等到小三真的出現時問題就難處理了。這時候我們就可以用上馭夫法寶：龍龜和馭夫鞋。

「龍龜」為神獸，一般來說能治心不在家的男主人；「馭夫鞋」則是要去城隍廟，誠心地跟城隍夫人求得而來。將這兩樣馭夫法寶放在床底下老公睡的位置，並且把龍頭或鞋頭向著床頭，就能把丈夫的心收回來，讓他歸心似箭，放下外面的花花世界。也可以將法寶放在衣櫃裡，壓在老公穿過的衣服上，一樣有效，可以壓制丈夫的花心。

二、提升女主人氣勢，小三退散

我們也可以提升女主人的氣勢，讓丈夫的心隨時隨地都有妳的存在，自然外面的花花草草就進不了妳家。想要提升女性地位，就要從代表女主人的廚房、虎邊和單人沙發下功夫。

廚房：廚房必須通風、明亮、採光良好，如果廚房內有廁所，會影響女主人健康，建議打掉讓廚房格局變大，同時也象徵妳的地盤壯大。

虎邊：客廳和主臥房的虎邊也會影響女主人的運勢，建議掛上山水畫或鏡子，但是要特別注意鏡子不能照到床，提升自我運勢。

單人沙發：客廳內的單人沙發通常代表女主人，可以在上頭擺放世界地圖、佛像或偉人雕像，提高格局，鞏固地位。

客廳的單人沙發代表女主人的地位，建議可以在沙發上方擺放世界地圖或佛像畫，鞏固地位。

Part.4　解析命中注定的桃花

好的桃花運究竟與長相有沒有關係呢？我們總認為長得帥氣和漂亮的人，在人際關係上往往比較吃香，其實，這並不是外表給人的印象，而是因為他們大多擁有自信的個性，容易引人注目。以面相學來說，好看的長相並不等於好桃花，甚至，面相姣好的人愈有機會遇到爛桃花而把自己搞得身心俱疲。所以，不要再看著鏡中的長相自怨自哀，感嘆父母沒有幫你生成美女或帥哥了，更重要的是，了解自己的面相與姓名所代表的感情運，適時地提點自己，才愈有機會遇到最正確的那朵桃花。

從面相看感情運

不同的臉部位置器官都有其代表的含意，我們可以從鼻子、眉毛和太陽穴了解一個人感情宮的機運。現在就拿起鏡子，跟著本書一起來探究箇中奧妙。

一、鼻子

女生想要知道是不是有機會嫁得如意郎君，第一個要看的就是鼻子了！台灣習俗中經常會談到女性的鼻子，十之八九都是在討論

「旺夫與否」。這是因為鼻子的位置正好是臉部的中心點，因此它代表的即是「夫星」。

什麼樣的鼻子才算是好鼻相呢？如果妳擁有端正、四四方方、無歪斜、鼻翼勻稱有肉、鼻樑豐隆的鼻子，那麼妳愈有機會遇到命中注定的桃花並結成正果。

如果妳的鼻子較為細長而扁，通常個性會帶點神經質，容易與情人相處不易，特別容易疑神疑鬼，讓妳的伴侶離妳愈來愈遠。如果妳擁有一副鼻頭微翹的上翹鼻，也就是俗稱的天真鼻，那麼對情人來說，妳的思想容易過於不切實際，無法達到相處共識。以上兩種就是不容易擁有好的感情運的鼻子，如果妳剛好就是這樣的鼻相，記得與情人相處的時候就要懂得收斂自己的缺點。

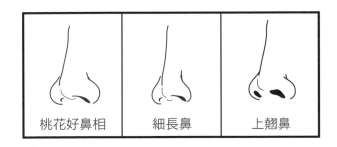

| 桃花好鼻相 | 細長鼻 | 上翹鼻 |

二、眉毛

位於臉部最上緣的眉毛則是影響著我們的「交友宮」。從眉毛可

以看出一個人的情感變化與情緒。一般來說，眉毛愈濃的人情緒愈強烈，對感情比較投入，也很重視情感的經營，會擁有一大群關係密切的朋友與家人。而眉毛愈稀疏、愈淡的人，情緒通常比較淡定，而且本位主義至上，凡事喜歡以自己為主，當然對情感的經營相對淡薄、不積極，嚴重點就會形成情緣疏離的局面。

眉毛濃　　　　　　　眉毛淡

另外，眉毛長短也可以看出不同的情感關係。通常眉毛長過眼睛的人會有固執任性的一面，容易聽不進別人的意見；而眉毛短的人，個性比較溫和，對伴侶會有強烈的依賴感，所以想要知道自己的女朋友是不是小鳥依人的類型，可以看看她的眉毛一探究竟喔！

女生除了看看自己眉毛的濃淡長短之外，也要特別注意眉毛兩邊的平衡。如果妳的左邊眉毛比較淡，要小心婚後與丈夫在經營婚姻上容易發生爭吵。如果是右邊的眉毛比較淡，則是要注意與家

人之間的相處，可能會因為不融洽，夫妻感情愈來愈淡薄，最後形同陌路。

眉毛長　　　　　　眉毛短

三、太陽穴

在面相學中，眼角邊緣靠近太陽穴的部位，是掌管「夫妻宮」的地方。舉凡你目前的感情婚姻狀態、夫妻相處、生活幸福與否，我們都可以從夫妻宮的狀態、紋理去剖析，現在就讓我們來看看各種不同的夫妻宮樣貌代表什麼樣的含意呢？

寬度：我們可以從夫妻宮的寬窄來看看你們之間的契合度。如果你的太陽穴寬度擺不下兩根手指頭，就是屬於窄夫妻宮，小心愈窄愈容易遇到個性不合的對象而導致婚姻破滅；反之，太陽穴愈寬，另一半會愈疼惜你，婚姻自然能走得更長遠。

太陽穴寬度至少能擺下兩根手指頭，
愈寬代表婚姻感情愈順利。

飽滿度：最美好的夫妻宮即是豐滿光潤，壓下去有彈性的狀態，這表示你的夫妻生活幸福美滿，與丈夫的相處和諧融洽、感情深厚。太陽穴如果呈現凹陷的形態，代表你的情路將會走得比較坎坷，感情經營上無法事事順心。

青筋浮出：照照鏡子如果看見太陽穴上的青筋，就要小心注意你對感情容易沒有安全感，可能不時就會擔心另一半，從愛情擔心到麵包，從劈腿擔心到外遇，容易造成情人的壓力。在此特別建議這類型的人可以選擇晚婚，讓自我的身心都淬鍊到最成熟的狀態時，再踏入婚姻為佳。

魚尾紋多：夫妻宮出現明顯的魚尾紋，仔細一看還又深又亂的話，就要小心與另一半會有嚴重的爭吵。

魚尾紋多又亂，
容易與另一半口角不斷

發黑：太陽穴發黑可就嚴重了！這代表當前的感情運非常差，夫妻間會發生嚴重的問題，務必要小心提防。

天生帶桃花的面相

我們身邊總有些朋友，不論性別是男是女，從小到大桃花運就很好，而且不只是異性緣，連同性的友人都會忍不住被吸引。像這樣天生帶桃花、人緣極佳的面相，幾乎每一個人都想擁有啊！現在，就讓我們來為大家揭密「桃花相」的面相重點，以及與「桃花相」相似卻命運大不同的面相分析。快拿起鏡子看看，你擁有幾項正桃花面相？還是其實你有的都是爛桃花呢？就算不是天生帶桃花的面相，也千萬不要氣餒，了解自己的短處，有助於認清自己，轉而投資培養其他方面的長處，也是吸引桃花的方法喔！

一、魚尾紋 V.S. 桃花紋

說到女人臉部永遠的敵人，魚尾紋絕對當之無愧。但是以面相學來說，魚尾紋其實並非壞事，甚至還與女人最在意的桃花有關係呢！仔細觀察，如果你的魚尾紋位置在眼睛底部接近眼尾的地方，且往下延伸，即是所謂的「桃花紋」。擁有桃花紋的人容易受到異性追求，甚至一生的桃花運不斷。但是要特別小心，如果此部

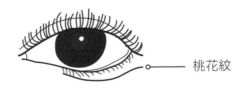

桃花紋

位的魚尾紋多而雜亂，代表桃花的情況可能不受控制，你會很容易深陷在感情的糾紛裡。所以，桃花紋適宜的數量為一至兩條，過多可就不好了。

女生們除了看看自己的眼部，也要記得多多觀察妳的情人，一般來說，擁有桃花紋的男性天生帶有好色的個性，紋路愈下垂個性就愈好色。如果剛好定性又不足夠，那麼他出軌的機率就會比較高喔！

二、臥蠶 V.S. 眼袋

「我的眼睛下方究竟是臥蠶還是眼袋呢？」這是許多女性看著鏡中的自己時，心頭上的疑問，其實臥蠶和眼袋相當容易區分。首先，臥蠶的位置通常在眼下一公分之處，形狀像蠶寶寶，飽滿圓潤。這樣的面相在演藝圈的女藝人身上很常見，臥蠶只有在笑起來時才會出現，會讓人覺得有親切感及魅力，自然桃花運與觀眾緣就會特別好。

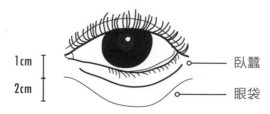

至於眼袋則是在眼下兩至三公分的部位，通常呈現三角形狀，鬆弛而無彈性。以面相學來說，眼袋明顯的人容易會有健康上的疑慮，女性要特別注意子宮，男性則要多多關心自己的腎臟功能。

三、梨窩 V.S. 酒窩

梨窩與酒窩經常被女性認為是迷人的象徵，「笑起來有窩」看起來總是特別可愛，特別有吸引力啊！那麼，這兩者又該如何區分呢？一般來說，梨窩的位置在嘴角的斜下側一公分處，形狀小而不明顯。有梨窩的人會有很旺的桃花運，女性擁有梨窩的話會讓男性特別想照顧妳，可見梨窩雖然小卻對桃花大有幫助。

而酒窩呢？酒窩的位置在嘴角的斜上側兩至三公分處，通常分成圓形和線形兩種，笑起來顯而易見。有酒窩的人桃花運也不錯，但是容易因為個性隨和而遇人不淑、受人連累，感情路上倒是會走得比較不順遂。

四、嘴角的形狀

是否注意過當你不笑的時候，嘴角是上揚還是下垂呢？在面相學中，嘴角天生的角度所造成的命運可大不相同呢！如果嘴角在不笑的時候，仍然可以維持上揚的形狀，也就是所謂的「仰月口」，代表這個人的個性溫和，喜歡與人打交道，人際關係會維持得不錯，桃花運也就會跟著來。嘴角如果是下垂的話，可就要小心了，一般稱作「覆舟口」，擁有這項特徵的人個性會比較不合群，嚴重一點甚至容易給人自視甚高之感，在處理人際關係上很不上手，久而久之就阻斷了自己的桃花運。

 嘴角上揚
桃花運佳

 嘴角下垂
人際關係不佳

五、桃花痣

痣在臉上的面積雖然很小，但是在不同的位置上，不但會擁有不同的命運，甚至還會改變五官給人的觀感。所以我們常常聽見有人說：「好性感的痣啊！」，其實就是桃花痣喔。

桃花痣在臉上不同的位置會有不同的影響，最常見也是許多女明星擁有的，就是位在兩頰腮邊的桃花痣了。乾淨無瑕的雙頰如果點上這樣的桃花痣，那麼恭喜你，一生的異性緣和桃花運都不容易間斷。

另外比較不常見的桃花痣則是在眼白及眉尾，通常這兩個地方有痣的人會擁有一雙魅力電眼，異性也總是忍不住受到你的吸引，甚至年紀愈長電力愈強。至於比較危險的桃花痣則是在嘴角周圍，在古代甚至被稱作「蕩婦痣」，這種桃花痣嫵媚又迷人，擁有致命的吸引力，多數異性會拜倒在你的魅力之下，但卻會招來危險的爛桃花啊！

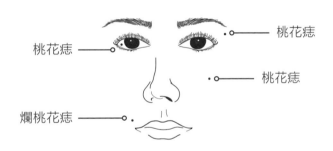

從姓名學看婚姻

當父母迎接一個新生命誕生時，最重要的就是拿著生辰八字為孩子算出一個「絕世好名」。很多人都相信，姓名的好壞多多少少影響著人的命運，因運勢不佳而改名的情況更是屢見不鮮，這是因為中國古代造字極為深奧，每一個字與筆劃都有其代表的含意，現在，就讓我們來探究姓名學中，哪些字和筆劃會影響你的婚姻與感情吧？

一、名字出現哪些字？不利婚姻感情

女性的名字中如果有「依、潔、雪、娥、鳳」這五個字，男性的
名字中如果有「子、福、勳、象」這四個字的人，要謹慎注意了！
這些字皆是不利於你的婚姻感情的致命字眼。

男	女
子	依
福	潔
勳	雪
象	娥
	鳳

- 「依」這個字容易讓人有感情上的困擾，如果妳總是對感情沒
  有安全感，有事沒事就想要查勤，一吵架就想提分手，請注意
  看看妳的名字中是不是有「依」這個字，有可能妳自己的問題
  大過另一方，建議要多敞開心胸，不要陷進困擾裡而無法自
  拔。

- 「潔、雪、娥」這三個字都不利於婚姻，容易造成婚姻失和。
  特別是「娥」這個字，拆開來看即是「女」跟「我」，代表女
  性即使結了再多次婚，到頭來可能還是會剩下自我一人，孤單
  過生活。在中國歷史上最有名的就屬「嫦娥」了，只能孤獨地

在月宮一個人生活。

· 「鳳」一字屬於男性之用字，如果女性取其字作為名，容易紅顏薄命。

· 「子、福、勳、象」這四個字會讓男性命格中帶雙妻，所以容易因為桃花不斷而拈花惹草，而導致婚姻破滅。

姓名學的生肖判別法

姓名學自古以來就是個大學問，特別是漢字的數量如此多，總不免讓人擔心一不小心就取到不利於運勢的禁忌之字。在這裡我們教大家用一個簡單的「生肖判別法」來篩選出不利於自己的字，請務必記下來：

古詩云：「羊鼠相逢一旦休；自古白馬怕青牛；蛇遇猛虎如刀戳；玉兔見龍雲裡去；豬遇猿猴似箭頭；金雞遇犬淚雙流」
每個生肖都有屬於自己的剋星，例如雞狗相剋。因此，在姓名學中，我們會避免用相剋的生肖之相關字眼來作為自己的名字。舉例來說，屬狗的人因為與雞相剋，就不適合取任何有「鳥」的字如鳳、鳶、鳧等，是不是很簡單呢！

二、名字多少筆劃？不利婚姻感情

取名時除了小心字的禁忌之外，也要小心筆劃數。姓名學當中將
姓名的筆劃分為五個格局，分別為天格、人格、地格、外格和總
格，計算方式如下：

天格	姓氏筆劃 +1
人格	姓氏 + 第一個名的筆劃總和
地格	第一個名 + 第二個名的筆劃總和
外格	第二個名筆劃 +1
總格	姓氏 + 第一個名 + 第二個名的筆劃總和

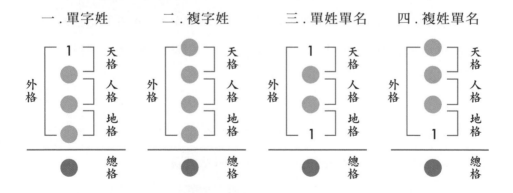

孤獨運	桃花煞	生離死別
9	22	28
10	26	34
19		
20		

解析

- 人格與地格的數字如果出現「9、10、19、20」，即是所謂的孤獨運。這樣的人在感情婚姻上，單身者不容易開花結果，已婚者不容易白頭偕老。

- 五格中如果出現「22、26」，即是桃花煞。桃花煞會導致婚姻不順利，甚至會因為感情問題引起災難，千萬要小心。

- 總格的數字如果出現「28、34」，即是生離死別之數。所謂生離死別就是單身者容易分手，已婚者容易離婚，更嚴重的情況則是有可能另一半會提早離開人世，總格出現這樣的數字將非常不利於婚姻感情。

若你的名字中剛好有這些不利於婚姻感情的字和筆畫，而且你也正為情所苦，那麼建議你可以試試看改名化解，將婚姻感情之路導回正軌吧！

chapter 5

買房前
風水須知

當我們遵循了前面章節介紹的方法，破除居家及工作環境的惡風水，創造一個有所助益的好風水之後，事業運逐漸改善，感情穩定發展，等到累積一定的儲蓄之後，為了成家立業做準備，或是給自己一個安穩的生活環境，下一步就是買房了。

大家選屋前除了考慮交通、環境之外，還會在意什麼細節呢？不要以為只有大房子風水才重要，即使是小空間的獨立套房，或是中古公寓，也要在格局和佈置上好好考慮一下風水喔！所以不論是為自己買一間小套房，還是選擇公寓大廈，在挑選的時候，也有一些值得留意的風水撇步。這個章節我們就一起來了解，看屋裝修的一些風水必備知識！

Part.1　選屋風水停看聽

隨著時代進步，網路日漸發達，根據自己適合的條件，就能在網路上尋找喜愛的房子，雖然相當方便，但是你可能只注意到美美的照片而忽略許多小狀況。如果沒有仔細注意這些小問題，可能影響身心健康以及未來運勢！現在蓋一棟房子已經不是難事，但是好房子還是一房難求，而所謂的好房子，不只防震防竊，還要能「藏風納氣」，下面就說明一些選屋的基本風水知識，讓大家輕鬆上手，即學即用。

看屋首重「藏風納氣」

陽宅就像個小宇宙，對外接收陽光、空氣與水氣，對內有一定的規則循環，讓房屋生生不息的呼吸著，而這一切都與外在的自然環境互相對應。因此，如果要打造一處平安的居家環境、創造美滿人生，在風水中講究「藏風納氣」的原則。

什麼是「藏風納氣」呢？簡單來說，就是將外面吹進房子的吉氣留住，藏在房屋裡，像火種一樣生旺房子主人的運勢。因此想要藏風納氣，首先就要注意外在環境，避免住在外煞太多的地方，

帶來過多不良氣流。其次就是窗戶、大門等風可以吹進來的出入口數量，如果門窗過多，氣不容易集中，可能左邊進右邊就出去了。當然也不能門窗過少，缺乏陽光照射，導致陽氣不足，這樣也會影響家運。如果有上述這些狀況，可以種植一些盆栽植物來添加生氣，也能聚集吉氣，一舉兩得。

挑屋重點一把抓

你去看房子是否也有這樣的經驗，有些房子一走進去就會感覺到神清氣爽，心情愉快；而有的房子則感覺坐立難安，心情壓抑？主要原因就在於格局上的優劣。由於房屋的格局和種類非常多，雖然無法一一說明，但是把握幾個常見的重點，也不難挑到好房屋。

1. 房子避免在嫌惡設施旁，例如：墓園、廢墟、宮廟等等。其中，宗教場所因為是神靈所在之地，會影響附近的氣場，進而干擾居住的風水環境。如果房子靠近這些地方，在事業上容易有官非或小人，建議將窗戶改成霧面或掛山海鎮化解。

2. 房子避免位於無尾巷、路沖，容易讓屋主的事業難出頭，建議可以在門口玄關擺流水盆化解。

3. 住宅的格局最好方正無缺角，缺角房會造成居住的人想法多變

而且個性衝動。例如廚房格局不方正且呈現畚箕形狀，代表個性衝動、想法易變化，更容易造成漏財無法存錢，可以在瓦斯爐缺角處，朝自己方向擺放八卦吉祥盤來化解。

4. 屋外有破落屋，會連帶將週遭屋子的運勢往下拉，使其家運衰退，化解的方式可以在窗戶對準破落屋的地方，擺放山海鎮或乾坤太極圖。

5. 家裡如果有橫樑從大門穿越客廳到房門，在風水上就會形成「穿心煞」，使人有苦說不出，大大影響事業、感情各方面，化解方法可在大門的上方左右各安一尊麒麟踩八卦。

6. 有些社區的建築棟距比較近，小心事業發展易受阻。如果窗外就可看到別家的窗戶，最好對外可以貼鏡面玻璃。

7. 房子面山背河，在地形上前高後低易影響家運衰退，化解方式可以擺乾坤太極圖、山海鎮。如果屋外地勢虎高龍低，可以在家裡院子種植單數棵的植物，最好種植闊葉類植物，不宜種植針狀或攀藤類植物。如果沒有院子也可以在家中虎邊位置擺放三隻紅龍，以化解虎高龍低的問題喔！

8. 房屋內的地不平，是一些老舊公寓常遇到的問題，如果是面對大門口的龍邊下陷，會影響家中男性的運勢衰退，虎邊的話，會影響女性的運勢發展，最好在地勢較低的地方用地毯墊高。而房子前高後低，會導致家運衰退，形成「倒退運房」，化解方法可以拿鵝卵石在上面用朱砂寫「泰山石敢當」，放在窗前可以化解煞氣。

9. 窗外的樹太多，像是一些靠近家門口的竹林或榕樹之類的植物，要小心招陰的問題，化解方法可以在窗外掛天馬旗，或是用紅布包起來。

10. 天井影響財運和健康，因為天井像是一個窟窿，會導致財運下滑，象徵著漏財的格局。另外在健康方面，也容易引起腸胃方面的疾病。建議要保持天井的光線明亮，並在各樓層加裝壁燈使光線更充足，最好能擺一尊黃財神面對天井，化解天井的漏財問題。

11. 屋頂傾斜坡度愈大，愈容易對身體產生不良的影響，因為傾斜幅度愈大，較高的地方愈會照不到太陽，而導致溫差上的問題。因此屋頂如果有傾斜，天花板宜做隔板將其修飾平整，並且漆上白色油漆，降低壓迫感。如果挑高夠高也能做成小閣樓喔！

窗外煞氣要小心

都市建築林立，居住密度愈來愈高，因此每間房屋多多少少會面臨一些外在的煞氣，而這些煞氣有很多種，往往都給居住者帶來不好的影響，輕則病痛不斷，重則惹上血光之災。為了讓自己住得更安心，許多人選房時，會先請風水老師看過風水後再決定，其實看風水也可以自己來，只要謹記六大禁忌，看屋時自己就能檢視是否有煞氣危機喔！

1. 電塔用來發射或接收電磁信號，氣場強大，而且形狀都是尖的，所以如果家中窗外看出去有太多電塔，會影響坐骨神經和偏頭痛的問題。最好要種六尺以上的福木，由於風吹樹會擺動，可以化解吹進屋子的不良氣流，在風水上是很好的擋煞植物，也可擺放八卦桃木獅咬劍在窗前來化解。

2. 窗外有招牌的刀煞，容易有意外血光，化解方法可以在窗邊掛九宮八卦鏡。窗旁如果緊鄰隔壁戶的招牌燈，還會形成燈煞傷眼睛，要用厚一點的窗簾阻擋。

3. 如果屋外有小人探頭煞，則容易招惹小人，官非纏身。化解方法則是要擺放山海鎮，或在陽台種植仙人掌，另外屋內可掛百

子圖來阻擋這些小人。

4. 對面住戶把陽台往外推，擋住自己住宅的視線，會有什麼影響呢？主要影響就是風從外面吹進來，整個收窄灌進陽台，形成凹風煞。如果風灌進陽台虎邊，容易影響女性身體健康；吹進龍邊，就會影響男性的身體健康，建議可以在窗外掛山海鎮或乾坤太極圖。

5. 窗外如果能看見水塔等圓柱狀的設施，就會形成藥罐煞，容易影響一家的健康，化解方式建議擺放山海鎮。

6. 窗外稜角多，影響前途，窗外面對橋樑及多個屋角，容易導致前途受阻，化解方式建議擺放乾坤太極圖。

其實，選房也選外在環境，窗外最好有群山環抱，代表坐擁貴人，如果家後有山，代表後有靠山，父母、貴人幫助，當然也要有適合高度的樓層，效果才會好。另外，如果有河水也能使龍脈往家裡流入，興旺家中的成員。

化解血光之災小方法

風水可說是一門科學，這是古人過去生活經驗與智慧的累積，由於以前的建築技術不好，所以才發展出這套環境生活哲學，或許有些人會覺得迷信，但是每一個觀點其實都自有一番道理。因此無論是屋外煞氣或屋內格局，如果遇到一些煞氣問題，影響出入平安，除了利用居家佈置改變運勢，也可以利用下列方法來化解血光之災。

1. 捐血救人，可以化解一些車關等災害。
2. 破財消災，多行善布施，發自善心捐款助人。
3. 多行三好，做好事、說好話、存好心。
4. 放生渡眾，盡量不要自己指定吃哪一隻魚，避免眾生為你而死。
5. 破除五黃，避免在太歲方、五黃位 (每一年的方位不同，建議到廟宇詢問或是上網查) 動土。

此外，如果流年運勢不佳，建議可以使用流年的開運招財祕法。方法很簡單，使用小玻璃盆，裝五色水晶碎石，用紅紙寫下名字以及願望，墊在玻璃盆下，上面再點小蠟燭，然後放在財位即可。

（湯鎮瑋老師提供）

Part.2　裝潢風水原則

現代人講究生活品質，好不容易買到一個屬於自己的小天地，當然會想要把這個地方，佈置裝潢成自己心目中的理想狀態。有些人，甚至夢想擁有一間獨特風格的房屋，翻閱無數的裝潢雜誌，和設計師討論再討論，就是希望能規劃出兼具生活機能與美感的房屋。不過，這樣規劃還是略有不足，因為廚房、臥室、客廳、廁所每一個空間如果稍不注意，可是會觸犯風水上的一些禁忌！所以，除了裝潢成自己喜歡的風格之外，在風水上的格局、佈置也不可小覷喔！

裝潢風水的基本知識

不論是新屋裝潢，還是中古屋翻新，大家都絞盡腦汁在有限裝潢預算中，將每個空間發揮出最大的機能效益。此外，活用裝潢設計也能破解一些不良的風水格局，甚至風生水起賺大錢，下列就列出一些裝潢時必知的風水知識，供大家參考喔！

1. 很多人喜歡自己粉刷，但是家裡如果每間房間都是不同的顏

色，看起來五顏六色，這樣會導致磁場混亂、五行不均，最好是統一白色或米色，盡量避免暗色系。此外，冷色調的燈光跟裝潢，容易影響夫妻感情，最好使用白黃交錯的燈光，或是牆壁漆成暖色系的顏色為風水加分。

2. 很多人家房間會加木質地板墊高，而墊高的房間門通常必須縮短長度，所以在裝潢時要注意房門的高度，最好用文工尺測量吉數。此外，墊高的房間最好不要讓小孩睡，因為小孩睡得比父母還高，可能反過來管父母或叛逆難管教。

3. 床上天花板管線外露，在風水上會產生淋頭水的問題，睡在下方的人容易頭痛，化解的方法就是要將管線漆成跟天花板同樣的顏色，另外房間有掛蚊帳也可以達到遮蔽效果。

4. 窗戶開的比床鋪還低，一往下望就會看見窗外的景色，形成吊頸煞，在此睡久了容易讓人氣虛，而且會產生負面思想，平日上班工作就容易沒有精神，最好的化解方法是在窗戶下半邊貼上霧面貼紙。

5. 一般家具擺放的位置也會影響風水的好壞，現在造型多樣的掛鐘，不只是看時間的功能，還有美化空間的作用，但是擺放的位置，也不能只考慮美觀，因為時鐘在五行中代表「金」，因此如果擺放的位置不對，就會對居住者造成不同的影響。

時鐘懸掛方位	影響
東方	東方屬木，五行中「金剋木」，如果樹想要健全，就不能有金屬物質，所以如果擺放東方，容易影響家人健康，尤其是男性的筋骨容易痠痛。
南方	古代並沒有時鐘，都是用日晷，而日晷擺放東西方無法找到座標，所以自古以來就是會擺放南北方，因此時鐘如果擺放南方對家人不會有特別不良影響。
西方	時鐘擺放西方，會造成女性強勢甚至剋夫，所以家中時鐘盡量不要擺放此方位。
北方	北方屬水，五行中「金生水」，地氣就會變旺，家裡的人氣也會跟著旺，是最好的方位。

陽台外推的風水陷阱

在裝潢房子時,為了多偷一些空間,有些人會將陽台外推,但是這樣做容易導致事業前途受阻,沒有遠景,口舌糾紛也會增多;同樣的,後陽台如果外推,也會影響後代子孫的發展。只要陽台外推,最好就要將外推之處的地板墊高,以提升氣場,並且放塊地毯與客廳做出區隔,另外也可以在四個角落掛九宮八卦牌、葫蘆或在屋外掛天馬旗。

而陽台的護欄為家中護城河,高度最好超過腰部,如果陽台圍牆太低,會使事業顛簸、沒有貴人,過矮的護欄可以加裝木板來化解。如果要在陽台上設置欄杆,也要擺放一些植栽,因為有空洞容易形成「斷頸煞」,居住者可能會發生血光之災。

此外,後陽台代表後代子孫的運勢,如果把後陽台墊高會讓後代子孫氣勢蓋過父母,如果沒有子孫就要小心容易犯小人,建議擺放「十相自在」來化解,或是將前陽台也墊高。如果後陽台雜亂,容易影響後代子女發展,如果房子在爸爸名下,但是只有自己居住,通常會影響到自己,要等到這間房子過戶給你,或是自己有結婚成家才會影響到自己的孩子。

如果在陽台外推的空間設置書桌，在風水上代表書房座位懸空，
容易影響外出運，也會造成事業或學業不穩定。化解方式很簡單，
因為是書房，所以在外推的空間放置文昌塔或是龍龜，代表光榮
歸來，即可加強外出運。

陽台植物禁忌

家中若有一片小花園的話，必須好好整理，假如種的植物都枯萎或
荒廢了，就會影響居住者在外地工作可能會被騙或犯小人。最好可
以在院子、陽台上種些薰衣草之類溫和的植物，但是有刺的玫瑰類
就盡量不要種在陽台上，除非窗外有煞氣，必須用玫瑰來擋煞。而
攀藤類植物也盡量不要種植，不管真花或假花，都會造成與人產生
口舌是非的問題。另外，紫藤容易招陰，也容易有皮膚上的毛病；
紅杏則會造成夫妻感情不佳，這些植物都不建議種植。

如果想要聚財的話，建議可以種植蓮葉型的植物，但是要小心葉子
不可以過大，太大容易招陰；相對的，針葉狀的植物比較不易聚財，
像是鐵樹類的植物，如果只種一、兩棵可能財運不會受太大影響，
但是家中如果有年長者的話，就算只是一棵也不行，因為這類植物
會造成年長者身體產生筋骨方面的問題。

夾層屋的風水危機

台灣地狹人稠，現代建築為了增加空間感，轉而往高處發展，利用裝潢設計夾層屋以增加房屋面積，但是在風水中，夾層屋有如壓力鍋，設計不良的話可是會引爆衰運纏身。俗話說：「舉頭三尺有神明」，因此房屋高度約三公尺是一般高度，如果低於兩百公分以下會形成矮人房。基本上，房屋整體高度只要超過五米八，設計成樓中樓或夾層屋就不會有壓迫感。如果沒有這麼高的話，做成夾層屋，導致天庭低，運勢會矮人一截，出去就會抬不起頭，因此二樓就只能當閣樓儲藏用。建議做夾層時在風水上要注意的地方如下。

1. 首先，夾層屋要注意應該避免柱子在房屋中間，形成「房中針」的煞氣，易有血光意外，如果有此格局，建議要用板子將一邊形狀補起來，去形除煞。

2. 分層時量高度要用文公尺丈量，最好選擇文公尺上紅字吉數的高度。

3. 一樓的樓層要比二樓樓層高，以免形成大頭屋，子女易以下犯

上。另外，如果長輩睡樓下，晚輩睡樓上，容易形成小孩爬到大人頭頂的狀況，為了避免晚輩「沒大沒小」，最好讓長輩睡樓上。

4. 一樓坪數要比二樓大，下大上小，代表步步高升，提升家運。

5. 夾層屋、樓中樓這些住家中的樓梯若是位置及風水不好，影響可就大囉！樓梯的位置在規劃時，要避免一開大門就被看見，也要避免在房屋中間，否則會剋住家運，影響健康。而且家中只要有樓梯都盡量要包覆起來，不要讓梯刀外露，會造成財務危機和血光。如果短時間內無法更改格局，建議可以在樓梯的下方，放一盆五色水晶，並且加放錢幣，可以轉換磁場，財運步步高升。

樓梯即為梯刀煞，盡量不要外露，容易有財務危機。

6. 如果裝潢是木板隔間，要注意二樓房間下方要避免是廚房的爐灶，否則容易影響睡眠且脾氣暴躁，如果是水泥裝潢則不在此限。

一般來說，樓中樓或夾層的空間，因為容易形成不規則的畸形屋，如果當臥室，容易傷人健康，跟長輩感情也會比較不好，只能當雜物間。因此最好可以把二樓的缺口補齊，才能把樓上做成房間，並且在財位擺放招財物品，否則也容易有破財危機。

此外，也要特別注意懸空床，即懸在半空中的床，又稱抬棺床。因床位下方出現懸空格局，氣場來來去去，不容易聚氣，會導致運勢敗壞，也有破財危機。若居家空間出現懸空床的格局時，要避免床底下有下列三種情形。

1. 床的下方不可有廁所，否則臭水上揚，惡水連連，容易影響健康，化解方法可以加燈、開除濕機，避免潮濕及穢氣。

2. 床的下方不可有廚房，如同人在火上燒，導致脾氣火爆，容易惹禍上身，化解方法可以在床底下放一塊鐵板，用五行中「金」

的力量化解「火」的危機。

3. 床的下方不可有客廳，容易因為天庭壓迫、地網不穩，導致運
   勢敗壞，化解方法可以在床底下或下方的天花板上，在四個面
   向各黏九枚銅板或五帝錢，須正反黏貼（正面一個，反面一
   個），以增加地氣。而這些五帝錢、銅板必須拿去廟裡天爐過
   火三圈，才具有加持作用。

隔間比例重點提醒

住宅除了能夠遮風蔽雨、冬暖夏涼之外，最重要的是要能凝聚家
人的感情，才稱得上是好風水。因此如果居住空間是全開放式，
彼此分界不明，居住者就容易混淆使用界線，常常會導致摩擦與
衝突，所以如何隔出適當的空間，也是裝潢前很重要的風水知識
喔！

1. 首先，客廳要寬廣，事業發展才會好。通常客廳要占整個房屋
   的四分之一到五分之一的空間，如果小於這個比例，不僅會妨
   礙居住者的事業發展，也會出現心臟無力的症狀。

2. 廚房餐廳大小跟客廳比例相當，導致女主人性格強勢，老公容易成為小男人，凡事順著太太。一般來說，客廳跟廚房的比例最好大約是三比一，否則會讓男生事業運較差。

3. 許多人家中廚房跟餐廳沒有做阻隔，廚房的油煙容易影響餐桌飲食的氣氛，在風水上可以說是「財庫」與「享福」不分，造成居住者喜歡享樂，不但容易破財，也會影響人際關係。所以建議廚房與餐廳一定要有隔間，而且餐廳的隔間也不能太大，否則還是不容易存到錢。

4. 臥房中的廁所，也要避免設置在更衣間裡，如此會使更衣間跟主臥的比例失衡，容易導致外遇、家庭失和。更衣間的比例盡量不要超過房間整體的三分之一，所以最好是將更衣間變成衣櫃，讓更衣間變成通往廁所的走道，就可以解決比例失衡的問題，如果還不方便動工可以先在更衣間裡擺放或懸掛葫蘆來化解。

餐桌擺在廚房裡，居住者容易會有破財的情況。

不管買屋或租屋，如果要裝修也不宜「乾坤大挪移」，除非房屋在隔間上真的有很多缺點，否則不建議大幅度更改房屋結構，因為過度改變房屋結構，可能會影響到房屋的安全性。此外要注意家中格局如果不斷更變，會影響整個家的氣場，代表居住者心性不定，有太多不安全感，如此一來好的運勢也無法累積。另外，要注意調整自家風水需看農民曆（動土日），否則如果沖到自己生肖，反而壞了運氣喔！

玩藝 0025

風水！有關係這樣做好運一定來職場必勝寶典

改變風水助升遷、正緣匯集得姻緣、善用財運滾大錢。

作　　　　　者－ 緯來綜合台 26 頻道
文　字　整　理－ 郭茵娜
圖　片　提　供－ 緯來電視網
封　面　設　計－ Rika Su
內　頁　設　計－
責　任　編　輯－ 簡子傑
責　任　企　劃－ 汪婷婷
行　銷　協　力－ 野火娛樂、薛培梅、古佩穎、吳丹升、王怡文

總　　編　　輯－ 周湘琦
董　　事　　長－ 趙政岷
出　　版　　者－ 時報文化出版企業股份有限公司
　　　　　　　　108019 台北市和平西路三段二四〇號七樓
　　　　　　　　發　行　專　線－（〇二）二三〇六一六八四二
　　　　　　　　讀者服務專線－ 〇八〇〇一二三一一七〇五
　　　　　　　　　　　　　　　（〇二）二三〇四一七一〇三
　　　　　　　　讀者服務傳真－（〇二）二三〇四一六八五八
　　　　　　　　郵　　　　　撥－ 一九三四四七二四時報文化出版公司
　　　　　　　　信　　　　　箱－ 一〇八九九臺北華江橋郵局第九九信箱
時　報　悅　讀　網－ http://www.readingtimes.com.tw
電　子　郵　件　信　箱－ books@readingtimes.com.tw
第三編輯部風格線臉書－ http://www.facebook.com/bookstyle2014
法　律　顧　問－ 理律法律事務所　陳長文律師、李念祖律師
印　　　　　刷－ 和楹印刷有限公司
初　版　一　刷－ 二〇一五年十二月十一日
初　版　五　刷－ 二〇二二年九月一日
定　　　　　價－ 新台幣 三二〇 元

特　別　感　謝－ Neogence 霓淨思　86shop　茶之魔手　Footer　KIMORI 木森　media 媚點

風水！有關係這樣做好運一定來職場必勝
寶典：改變風水助升遷、正緣匯集得姻緣、
善用財運滾大錢。/ 緯來綜合台著．
-- 初版．-- 臺北市：時報文化，2015.12
面；　公分
ISBN 978-957-13-6463-6(平裝)
1. 相宅
294.1　　　　　　　　　　104024233

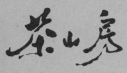

Neogence 霓淨思
高效醫美首選品牌

水嫩護手，甜柚香頌
潤澤保濕好吸收，感受極致水嫩的呵護與滋養

獨特長效潤澤配方，持續柔嫩滋養肌膚8小時。
清爽不黏膩、保濕好吸收，
清新舒暢的甜柚香頌，給你細緻柔軟好命手！

玻尿酸潤澤保濕護手霜
HYALURONIC ACID ULTRA MOISTURIZING HAND CREAM

Neogence
HYALURONIC ACID ULTRA
MOISTURIZING **HAND CREAM**
ACIDE HYALURONIQUE ULTRA HYDRATANTE CRÈME MAINS

100 mL / 3.4 FL. OZ.

HA | HYALURONIC ACID
Q10 / SQUALANE
CERAMIDE / VITAMIN E

ABSORBS EASILY, NON-GREASY HAND CREAM
KEEPS SKIN SOFT AND SMOOTH
CITRUS FRAGRANCE MAKES YOU IN A GOOD MOOD

你的雙手老是有
粗糙感、乾燥、容易脫皮嗎？

讓老手變新手，滋潤保濕又滑嫩

3大特點

高效吸收、潤澤手部肌膚
添加Q10幫助柔軟肌膚、提升彈力
玻尿酸長效保濕配方

好推開好吸收，潤澤保濕不黏膩

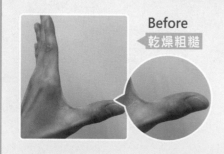

Before
乾燥粗糙

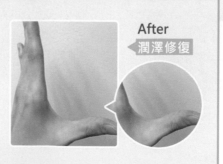

After
潤澤修復

滋潤
配方

行動商城APP　立即掃描下
www.neogence.com | Made in TA

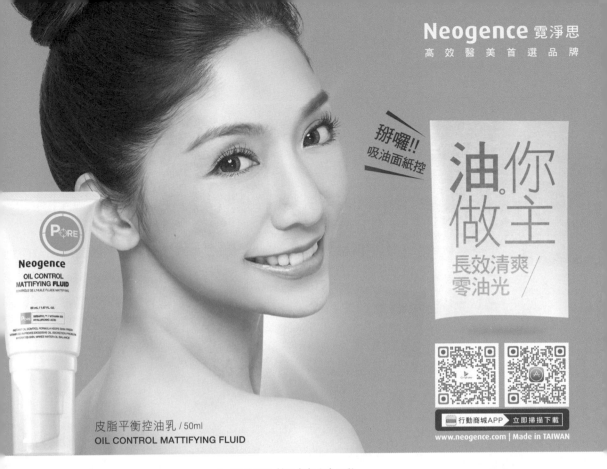

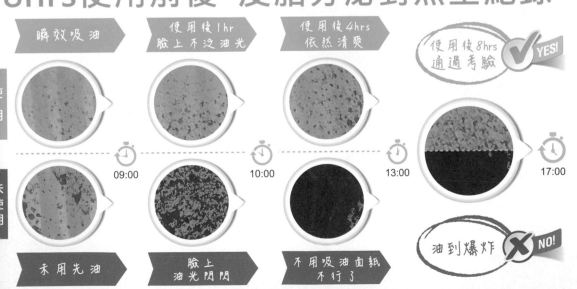

KIMORI 木木森

三大功效,
一次
到位

nature / glossiness / moisture

1 / 溫和配方

添加草本修護複方 MultiEx BSASM™
優異舒緩乾燥及敏弱肌膚的功效。

2 / 提昇防禦力

增強肌膚防禦力,具有抗老化及協同
肌膚亮白的作用。

3 / 肌膚修護

添加獨家鍺配方,調整年齡、乾燥、
壓力而趨於停滯的肌膚。

還在為肌膚煩惱,找不到適合的潔顏保養品?

木木森潔顏慕絲系列,替你解決所有煩人的肌膚問題!
多種有效成分,讓肌膚自然生成保護屏障,讓你隨時保有迷人的好氣色。

中市衛粧廣字第 10404544 號 / 專線:04-8921-289 / 信箱:info@kimori.com.tw / 官網:www.kimori.com.tw

LINE ID:kimori

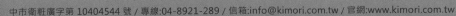

Footer

Fashion
Function

流 行 機 能 專 業 除 臭 襪

Women

Me

襪子 風水學

專家指點的5堂必修課

兼具創意流行與健康機能的除臭襪品牌**Footer**，顛覆傳統，著重品質，以優異的抑菌棉結合機能彈性紗，有效抑菌除臭、完美包覆足弓，更重視傳遞給消費者的品牌核心價值－拉近人與人之間的距離，為各種需求消費者提供絕佳的專業護足除臭襪。

01 專屬你的命理幸運襪 /
精研300多款多色的**Footer**流行機能除臭襪，總有屬於你獨特的命理幸運色、專屬襪款，為你的運勢加分。

02 鞏固健康運需要吸濕排汗 /
全面逆氣流設計，穿適宜一年四季的襪子，舒適透氣、吸濕排汗強，不影響足部健康。

03 把漏財襪丟了 /
Footer採義式對針縫合技術，使襪子耐穿耐磨不易破，建議丟棄可能會漏財的易破損貼身衣物吧！

04 運勢不隨襪子疲乏 /
易鬆脫、伸縮差、彈性疲乏的襪子會不會令你霉運連連？**Footer**特殊彈性襪口耐性升級、環狀繃帶強化伸展調節，品質保證，萬事亨通。

05 步出好氣色 /
皮膚需要容光煥發好氣色，足部也是！**Deo-double Plus**® 專利抑菌除臭，運用科技纖維有效殲滅惱人異味，腳趾足弓也有好氣色！

拉近你與好運之間的距離
60天效果鑑賞。無效退費

www.footer.com.tw